UN CHEMIN DE VIE

*L'Ancien Testament,
guide spirituel pour notre temps*

Jacques Tremblay

Éditions Paulines & Médiaspaul

Composition et mise en page : *Éditions Paulines*

Illustration de la couverture : *Pierrette Tremblay*

Maquette de la couverture : *Larry Mantovani*

ISBN 2-89039-564-4

Dépôt légal — 1er trimestre 1993
Bibliothèque nationale du Québec
Bibliothèque nationale du Canada

© 1993   Éditions Paulines
          3965, boul. Henri-Bourassa Est
          Montréal, QC, H1H 1L1

          Médiaspaul
          9, rue Madame
          75006 Paris

PRÉFACE

L'homme est depuis toujours à la recherche d'une forme de sagesse, d'une manière de se comprendre et de se situer dans son environnement tout au long de sa vie. Le croyant en Jésus Christ ajoute à cette recherche une dimension de foi, une compréhension de sa relation à Dieu à l'aide de sa tradition religieuse. Cette démarche est toujours à refaire puisque l'évolution de la société l'oblige à la reprendre dans un contexte socioculturel différent de génération en génération.

Dans la tourmente de la fin de ce deuxième millénaire, les recherches dites «spirituelles» s'orientent dans toutes sortes de directions. Les sentiers connus sont délaissés pour faire place à de l'innovation. L'intelligence humaine veut ainsi s'ouvrir à toutes sortes d'avenues proposant des formes de spiritualité prometteuses de bonheur. Le chrétien qui, d'une part, veut demeurer fidèle à la Parole de Dieu, doit, d'autre part, faire face aux diverses sollicitations dont il fait l'objet à la suite des découvertes récentes des «psycho-techniques» actuelles de l'introspection.

Il nous semble qu'il est urgent de proposer dans la tradition judéo-chrétienne une démarche qui tienne compte à la fois d'une initiation à la lecture du texte même de la Bible et du questionnement que cette lumière apporte à la compréhension de la relation à Dieu. C'est le fondement de toute vie spirituelle.

Ce livre s'inscrit dans cette démarche de recherche spirituelle. Il innove par sa manière de faire. Il propose un choix judicieux de textes bibliques qu'il situe dans l'histoire du peuple d'Israël. L'étude du texte fait découvrir la Parole de Dieu et précise le sens donné à cet événement vécu par le peuple. Ce message vient ensuite éclairer le cheminement de tout croyant qui a comme fondement la tradition judéo-chrétienne. Ce livre présente une compréhension de la relation de Dieu liée à une histoire, à une tradition, en vérifiant les diverses étapes de l'histoire du peuple d'Israël les unes après les autres. Cette démarche trace une route qui s'enracine dans l'histoire, qui se découvre en scrutant l'histoire et qui guide dans le présent avec la sécurité de la Parole de Dieu. Il nous invite donc à relire la Parole de Dieu en nous faisant découvrir progressivement comment Dieu a parlé aux hommes et aux femmes de son peuple et comment il parle aux croyantes et aux croyants à travers leur histoire personnelle et communautaire.

En suivant cette pédagogie divine le lecteur est invité, d'une certaine manière, à reprendre ce même chemin. Il se questionne sur sa première rencontre avec Dieu, rencontre vécue habituellement d'une manière merveilleuse. Il peut suivre les différentes péripéties du peuple d'Israël pour identifier, à chaque fois, la parole de Dieu, la Parole qui a éclairé le peuple d'Israël et qui éclaire aujourd'hui. Il peut ainsi ouvrir la porte à une compréhension de sa relation avec Dieu à partir de son expérience de vie. Cette expérience peut lui ouvrir l'oreille et le cœur à la Parole de Jésus, Christ et Seigneur.

Le lecteur pourra redécouvrir continuellement des liens possibles entre le texte même de la Bible et son expérience personnelle. Il décèlera dans la tradition judéo-chrétienne une manière dynamique de comprendre son expérience éclairée par la Parole de Dieu. Cette lumière lui procurera «le pain de chaque jour» et le guidera sur un chemin que Dieu fait découvrir à toute personne qui croit en Lui. Ainsi, à travers les réalisations et les échecs de la vie, un chemin apparaît pour en orienter chacun des moments particuliers.

Ce livre est d'une très grande utilité pour tous ceux et celles qui cherchent à comprendre le cheminement spirituel du croyant. Il permet de se reconnaître et de fournir un cadre théorique pour les personnes qui font de l'accompagnement spirituel. À chaque pas les indications de route sont simples et claires. Elles rejoignent toute la personne. Lire ce livre c'est s'équiper pour mieux comprendre la PAROLE de Dieu à l'œuvre dans chacun, chacune de nous. L'expérience de Dieu peut alors guider chacun de nos pas.

Janvier 93   *Léandre Boisvert*

INTRODUCTION

Les progrès accomplis par la recherche scientifique laissaient entrevoir une fin de siècle bien différente de celle que nous vivons. À partir des découvertes qu'elle faisait dans tous les domaines de l'activité humaine, on nous promettait un monde de loisir, un monde de rêve dans lequel le chômage et la pauvreté n'auraient plus droit de cité. La réalité est tout autre, car les dernières décennies ont vu naître des problèmes graves à l'échelle même de la planète. L'appauvrissement des plus démunis, la détérioration de l'environnement, l'augmentation de la violence en sont quelques exemples parmi beaucoup d'autres. Il ne faut pas être surpris que, dans un tel contexte, nous assistions à la naissance d'un désenchantement généralisé parmi les hommes et les femmes qui avaient mis beaucoup d'espoir dans les promesses de vie facile de la société matérialiste née après la seconde guerre mondiale.

Les difficultés de plus en plus grandes à garder confiance dans un avenir meilleur ont eu comme conséquence de faire éclater les structures traditionnelles, privant les individus des points de repère qui leur permettaient de trouver la sécurité et la stabilité nécessaires pour passer au travers des périodes troubles. La crise de valeurs, la déstabilisation des blocs politiques, l'effondrement du communisme ne sont que quelques-uns des lieux où il est possible de constater un effritement des bases mêmes de notre société.

Enfin, il fallait s'y attendre, cette déstabilisation a aussi été ressentie dans le domaine religieux et on a assisté, en Occident, à une remise en question de toute la tradition judéo-chrétienne. L'Église catholique a été fortement ébranlée. La réflexion de ses penseurs et l'éloignement de plusieurs de ses membres l'ont forcée à agir, si bien qu'elle a tenu le concile Vatican II, pour réorienter une théologie et une pastorale qui n'avaient pas été repensées depuis fort longtemps. Dès lors, ses enseignements sont devenus moins doctrinaux et moins autoritaires que par le passé. Elle a même senti le besoin de rappeler l'expérience chrétienne de la communauté apostolique, où l'on portait beaucoup d'attention aux signes de l'Esprit dans la vie de tous les jours. La nouvelle pastorale incite les personnes à faire une démarche de responsabilité où elles doivent se mettre à la recherche de fondements nouveaux, puisqu'elles trouvent de moins en moins de réponses préfabriquées pour guider leur conduite.

Cette disette de recettes, prêtes à être utilisées en cas de doute, fait surgir de l'insécurité et des angoisses chez les personnes cheminant vers Dieu. Et, quand viennent les épreuves, on se pose la question suivante : où pouvons-nous trouver la sagesse et l'expérience qui permettraient de constituer de nouvelles balises, susceptibles de nous sécuriser face à nos interrogations? Les bouleversements de notre monde placent la chrétienté devant une difficulté qu'elle n'avait pas affrontée depuis longtemps. Elle doit fournir une grille de lecture à toute personne engagée dans une démarche de rencontre de Dieu, lui conservant toute sa liberté et sa responsabilité, mais tenant compte de son besoin de comprendre le chemin de vie parfois bien difficile à suivre. Chaque individu doit être en mesure de lire les signes des temps, selon la juste expression de Vatican II, mais l'expérience démontre que ce n'est pas une tâche facile à réaliser. Il faut être conscient que, dans cette démarche, on peut facilement tomber dans la subjectivité ou s'enfermer dans son point de vue propre. Dans le but d'éviter ce piège, nous croyons qu'un dialogue avec l'histoire du peuple élu pourrait être d'un grand secours. Il permettrait d'éviter de tout juger à partir de soi-même, tout en fournissant un cadre de référence issu d'expériences de vie millénaires du peuple d'Israël avec son Dieu. Puisque l'histoire du salut rapporte un cheminement de foi tenant compte des hauts et des bas rencontrés par les Juifs[1], elle est susceptible d'illuminer les joies et les peines de l'existence humaine, dans le cadre d'une démarche conduisant à la découverte de la présence d'un Dieu libérateur.

---

[1] Dans ce volume, l'expression «les Juifs» désigne le «peuple choisi».

Notre objectif est de permettre à chaque personne de comprendre sa propre expérience de vie de foi, et non pas de présenter l'ensemble de l'Ancien Testament. Aussi, nous édifierons, à partir de ses textes-clés, un parallèle entre l'histoire sainte des Juifs et la nôtre. Le but sera de démontrer que l'histoire du salut se reproduit dans l'existence de toute personne qui chemine vers Dieu. Dans le cadre de cette comparaison, nous vérifierons que :

— le passage de la mer correspond à la sortie de l'esclavage qui empêche d'aller vers Dieu;
— la vocation de Moïse et les plaies d'Égypte permettent de découvrir que la libération est d'abord une œuvre du Seigneur, qui place des personnes et des signes sur notre route;
— la marche dans le désert et le don de la Loi au Sinaï peuvent donner un sens à nos difficultés et à nos engagements sur le chemin qui mène à Dieu;
— l'entrée en terre promise correspond à notre propre découverte du bonheur dans l'existence humaine;
— l'institution de la monarchie éclaire notre désir de prendre notre existence en main, dans la fidélité à Dieu, pour en profiter au maximum;
— les oracles de conversion du prophétisme nous permettent d'identifier les prophètes et prophétesses contemporains et, dans leurs messages, la présence d'un Dieu qui ne veut pas que nous nous éloignions de lui;
— l'étude des thèmes de la souffrance injuste, du messianisme et de la survie nous appelle à faire totalement confiance au Seigneur, pour espérer dépasser les limites qui nous empêchent de goûter à la joie de vivre.

Ces quelques thèmes importants de la littérature biblique ouvrent une porte donnant accès à la foi au Christ, celui que la tradition johannique appelle le Chemin, la Vérité et la Vie[2].

Nous ne nous arrêterons donc pas sur plusieurs textes importants, dont les récits rapportent les origines du monde, les

---

[2] Les personnes qui veulent déjà lire un résumé synthétique de l'ensemble de cette recherche peuvent le faire en prenant connaissance de l'annexe IV, à la fin de ce volume.

cycles patriarcaux, etc., non pas parce qu'ils n'ont rien à nous apprendre, mais parce que la vie de foi des Juifs a réellement commencé lors du passage de la mer, quand ils ont vu la puissance de Dieu à l'oeuvre pour les faire monter vers lui. De plus, ce bref résumé met en évidence que nous ne désirons pas faire une étude de type scientifique, mais amener à redécouvrir l'utilité des grands passages de l'histoire du salut pour la catéchèse et la pastorale contemporaines voulant promouvoir une démarche d'appropriation personnelle de la tradition judéo-chrétienne.

Certains diront que l'Ancien Testament, parce qu'il a été écrit il y a longtemps et parce qu'il était destiné à tout un peuple, ne peut être d'aucune utilité dans cette tâche. Ils ont tort pour trois motifs. D'abord parce que l'Ancien Testament répond aux besoins des croyantes et des croyants qui veulent se redonner des points de repère objectifs leur permettant de ressaisir leur expérience de vie, à partir de rapprochements entre les hauts et les bas d'un cheminement de foi et ceux de l'histoire du salut. Ils ont tort aussi parce que l'étude des grands thèmes de l'histoire du peuple choisi est très pertinente pour une société tentée par le narcissisme, car elle permet de redécouvrir un Dieu appelant les individus à sortir du repli sur eux-mêmes. En effet, Yahvé remet toujours son peuple en question, l'incite à se convertir et l'appelle à bâtir un monde meilleur où il n'y aurait plus d'indigence. Ils ont enfin tort de penser que la Bible ne peut servir à orienter un individu parce qu'elle a été écrite pour tout un peuple. Même s'il est vrai qu'elle s'adresse à une collectivité, chaque personne qui en fait partie est appelée à croire en Dieu à partir des signes découverts dans l'histoire nationale. De plus, si l'on jette un coup d'oeil à l'ensemble de la littérature vétérotesta-mentaire, nous y découvrons un mouvement d'individua-lisation qui culmine dans l'acceptation d'une survie indivi-duelle, porte d'entrée essentielle à la rencontre du Messie, le Christ Jésus. Cela étant dit, notre étude ne se bornera pas à présenter une simple réappropriation personnelle de quelques textes bibliques, mais elle fera aussi ressortir le caractère collectif de la foi en Yahvé. Plus on comprend la Bible, plus on se sent attiré par une tradition millénaire appelant à s'unir tous et toutes ensemble pour mettre en place un monde à la mesure de l'amour de Dieu pour toute l'humanité.

Il est juste de voir *un chemin de vie* dans l'ensemble de la démarche de foi du peuple élu, car c'est dans l'accueil des joies et des peines de l'existence humaine que, lentement, il s'est rapproché de son Dieu dans une confiance toujours fondée sur des signes tirés de son expérience. Comme l'histoire sainte fut le pédagogue par lequel le Seigneur a formé toute une nation à reconnaître celui qui est la Vie, il est essentiel de redécouvrir son importance dans toute démarche de foi contemporaine. D'ailleurs nous ne faisons que suivre l'exemple millénaire de l'Église qui a toujours su y puiser des réflexions capables d'alimenter la spiritualité de ses membres. Pensons par exemple au thème du désert dont elle s'est servie pour expliquer les difficultés de la vie. L'originalité de notre survol de la littérature vétérotestamentaire réside dans le fait qu'il réussit à tenir compte de plusieurs situations de vie dans le contexte d'un cheminement spirituel, ce qui fait de *L'Ancien Testament un guide spirituel pour notre temps*. Nous ne tenterons pas de présenter une voie hors de laquelle il n'y a pas de salut; nous tenterons plutôt, grâce à ses lumières, de redécouvrir, dans les joies et les peines, un Dieu qui nous accompagne et nous guide toujours vers une libération plus grande de ce qui éloigne de l'Autre et des autres.

Premier chapitre

LA SORTIE D'ÉGYPTE

La sortie d'Égypte est l'événement sur lequel se base la relation de confiance qui existe entre le peuple élu et Dieu. L'exégèse du chapitre 14 du livre de l'Exode (Ex 14, 10-31) nous précisera que la foi des Juifs se fonde sur le «passage» de la mer, où ils ont reconnu un geste merveilleux du Seigneur qui voulait les faire sortir d'Égypte. Ce texte constitue l'un des plus beaux témoignages de foi que nous puissions lire dans l'Ancien Testament. Il nous révèle que Dieu ne tient pas à s'attacher des esclaves, mais des femmes et des hommes libres qui choisissent de le suivre par amour. Il nous présente aussi Yahvé comme celui qui peut transformer complètement la vie de la personne qui le laisse entrer dans sa demeure.

Rappelons les événements de l'histoire sainte[1]...

La présence des Juifs en territoire égyptien demeure un peu mystérieuse. En fait, il faut lire entre les lignes des textes bibliques, pour comprendre comment il se fait que les Juifs devinrent esclaves des Égyptiens. Tout commence vers les années 1750 A.C., alors que des envahisseurs étrangers pénètrent en Égypte et s'en emparent. Les Égyptiens sont alors dans l'incapacité de surveiller leurs frontières. C'est ainsi que des

---

[1] Pour en savoir davantage sur l'histoire ancienne d'Israël, cf. Roland De Vaux, *Histoire ancienne d'Israël*, Gabalda, Paris, 1971. Toutes les références bibliques se retrouvent dans toutes les Bibles. Elles comportent d'abord l'abréviation du titre du Livre, le chapitre et, séparés par une virgule, les versets.

habitants du désert, des gens qu'on dit les descendants du patriarche Joseph, sont attirés par la vie facile offerte par les riches pâturages du delta du Nil. L'histoire de Joseph vendu par ses frères (Gn 37, 2-36) constitue un récit écrit après coup, alors que les Juifs sont déjà installés en Israël vers 950 A.C. Ce texte veut expliquer pourquoi des Hébreux (Ex 1, 1-5) se sont retrouvés un jour hors des frontières de leur pays. N'oublions pas qu'à cette époque (en 950 A.C.), on croit que Dieu n'habite que le territoire de la terre sainte et qu'il ne protège que le peuple choisi. La réponse qu'on y donne est bien touchante : si des Juifs se sont retrouvés en Égypte, c'est à cause de grandes famines qui les ont obligés à quitter leur sol pour survivre (Gn 42). Le résumé de ces faits manifeste que le peuple élu n'avait fait aucun mal aux Égyptiens et, qu'au contraire, il avait été invité par le pharaon, qui avait permis à Joseph, devenu son maître de palais (Gn 40-41), de faire venir le reste de sa famille auprès de lui (Gn 45, 16-20).

Vers 1550 A.C., les Égyptiens reprennent le contrôle de leur territoire. On dit qu'ils réduisirent tous les Juifs à l'esclavage (Ex 1) parce qu'ils étaient devenus nombreux et leur faisaient peur. Cependant, si on s'en réfère au texte biblique, on constate que la réalité historique fut bien différente. Les Égyptiens vont forcer certains Hébreux, établis chez eux sans leur permission, à retourner d'où ils étaient venus (c'est l'exode-expulsion dont Ex 3, 21-22 et 11, 1-3 garde un vague souvenir) et ils vont en obliger d'autres à devenir leurs esclaves. Ce sont ces personnes qui vont prendre part à l'exode-fuite, dirigée par Moïse, dont fait largement mention le passage d'Ex 11, 4 — 14, 14.

Durant la sortie d'Égypte, la Bible présente Yahvé comme très proche des siens. Avant même que les Juifs ne lui demandent de les sortir de leur esclavage, il prend l'initiative de mettre en branle un processus qui leur permettra de prendre le chemin de la liberté. Le récit de la vocation de Moïse (Ex 3, 1 — 4, 9), bien qu'il constitue une relecture de foi faite longtemps après coup, présente Moïse comme l'homme que Dieu a appelé pour lui confier la tâche de sauver le Peuple. Cela est présenté d'une façon évidente dans le récit de sa naissance (Ex 2) où Yahvé le sauve miraculeusement de la mort. Déjà là, Dieu était en train de sauver les siens. Tout est en place maintenant, l'histoire peut se mettre en route. Moïse se rend chez le roi égyptien pour lui demander de laisser partir les Juifs. On sent bien que Dieu est avec cet homme, car il est confiant et il ne se laissera jamais décourager par Pharaon ou les reproches de ses concitoyens apeurés (Ex 5-6). D'ailleurs la présence du Seigneur se manifeste par des signes puissants, comme les dix plaies d'Égypte, qui viennent à bout de la résistance de Pharaon. Les Israélites sont libres de partir, la force de Yahvé a eu raison de leurs adversaires. Leur itinéraire est loin d'être précis, car le texte biblique en présente plusieurs versions dues aux différents exodes (expulsion et fuite) dont nous avons parlé plus haut. Pharaon se met à leur poursuite et les rejoint alors qu'ils campent en face de la mer qui les sépare de la liberté (Ex 14, 5-14).

Ce qui se passa alors fut sans doute quelque chose qui a marqué le peuple élu, car il en gardera un souvenir impérissable. Le récit d'Ex 14, 10-31 nous présente un miracle à défier toute logique: la mer se fend en deux et le Peuple la traverse à pied sec! Ce texte, rapportant le «passage» de la mer, permettra de découvrir comment s'est effectuée la libération du peuple juif.

Étude[2] d'Exode 14, 10-31 : le «passage» de la mer

1. La critique des sources ou l'identification des auteurs du texte

Le premier geste à poser pour découvrir le sens profond d'un texte biblique est de se détacher d'une lecture historique où les détails sont importants pour eux-mêmes, car ce qui importe, c'est le message inspiré qu'ils portent. Reconnaissons d'abord l'existence de contradictions à l'intérieur du passage à l'étude. Dans le cas d'Ex 14, 10-31, il est possible d'identifier deux divergences fondamentales, car certains versets (vv. 21c-23)

---

[2] Pour réaliser cette étude, nous utilisons la méthode exégétique historico-critique que nous appliquons suivant les besoins d'une exégèse pastorale. Pour en savoir davantage sur celle-ci, reportez-vous à l'annexe I à la fin du volume.

décrivent le «passage» de la mer comme une marche à pied sec au fond d'un couloir ouvert au milieu de l'eau, tandis que certains autres (vv. 21b et 24) racontent plutôt que les Juifs se seraient faufilés sur une bande de terre asséchée par un fort vent d'est. De plus, au niveau des sujets de l'action, on se rend compte que parfois c'est Yahvé seul qui fait tout lui-même (vv. 13-14, 21b, 24-25, 27b, 30-31), alors qu'à d'autres occasions c'est Moïse qui agit en son Nom (vv. 15-18, 21a, 26-27a). À partir de ces contradictions internes, il est possible de reconstituer deux textes, complets en eux-mêmes, ayant vécu séparément l'un de l'autre avant d'être fusionnés par un rédacteur final, vers 400 A.C.

La première colonne du tableau — faisant suite à ce paragraphe — rapporte une version du «passage» de la mer selon laquelle les fuyards se seraient faufilés sur une bande de terrain asséchée. Elle constitue le récit yahviste datant des environs de 950 A.C. Ce récit affirme que c'est Yahvé lui-même qui a défait les Égyptiens et sauvé son Peuple. La troisième colonne du tableau présente le «passage» comme un défilé à pied sec au milieu d'une mer fendue en deux et constitue le texte sacerdotal rédigé lors de l'exil à Babylone vers 550 A.C. Ici, Moïse prend plus d'importance et devient l'intermédiaire entre Dieu et les Juifs. On y remarque aussi de nombreuses répétitions des expressions: «se glorifier aux dépens de Pharaon, de ses chars et de ses cavaliers» et «marcher à pied sec au milieu de la mer». Enfin, la colonne centrale du tableau identifie quelques versets d'origine élohiste (vv. 11-12, 19a, 20b), écrits entre 850 et 750 A.C., qui ne sauraient exister indépendamment du récit yahviste et qui ne seront pas étudiés séparément pour cette raison.

Yahviste	Élohiste	Sacerdotal[3]

[10] Comme Pharaon approchait, les Israélites levèrent les yeux, et voici que les Égyptiens les poursuivaient. Les Israélites eurent grand-peur et crièrent vers Yahvé.

---

[3] Pour en savoir davantage sur les différentes traditions ou écoles de rédaction, consultez l'annexe II à la fin du volume.

¹¹ Ils dirent à Moïse : «Manquait-il de tombeaux en Égypte, que tu nous aies menés mourir dans le désert ? Que nous as-tu fait en nous faisant sortir d'Égypte ? ¹² Ne te disions-nous pas en Égypte : Laisse-nous servir les Égyptiens, car mieux vaut pour nous servir les Égyptiens que de mourir dans le désert ? »

¹³ Moïse dit au peuple : «Ne craignez pas ! Tenez ferme et vous verrez ce que Yahvé va faire pour vous sauver aujourd'hui, car les Égyptiens que vous voyez aujourd'hui, vous ne les reverrez plus jamais. ¹⁴ Yahvé combattra pour vous ; vous, vous n'aurez qu'à rester tranquilles. »

¹⁵ Yahvé dit à Moïse : «Pourquoi cries-tu vers moi ? Dis aux Israélites de repartir. ¹⁶ Toi, lève ton bâton, étends ta main sur la mer et fends-la, que les Israélites puissent pénétrer à pied sec au milieu de la mer. ¹⁷ Moi, j'endurcirai le cœur des Égyptiens, ils pénétreront à leur suite et je me glorifierai aux dépens de Pharaon, de toute son armée, de ses chars et de ses cavaliers. ¹⁸ Les Égyptiens sauront que je suis Yahvé quand je me serai glorifié aux dépens de Pharaon, de ses chars et de ses cavaliers. »

¹⁹ᵃ L'Ange de Dieu qui marchait en avant du camp d'Israël se déplaça et marcha derrière eux,

¹⁹ᵇ et la colonne de nuée se déplaça de devant eux et se tint derrière eux. ²⁰ᵇ Elle vint entre le camp des Égyptiens et le camp d'Israël.

²⁰ᵇ La nuée était ténébreuse et la nuit s'écoula sans que l'un puisse s'approcher de l'autre de toute la nuit.

²¹ᵃ Moïse étendit la main sur la mer,

²¹ᵇ et Yahvé refoula la mer toute la nuit par un fort vent d'est; il la mit à sec

²¹ᶜ et toutes les eaux se fendirent. ²² Les Israélites pénétrèrent à pied sec au milieu de la mer, et les eaux leur formaient une muraille à droite et à gauche. ²³ Les Égyptiens les poursuivirent, et tous les chevaux de Pharaon, ses chars et ses cavaliers pénétrèrent à leur suite au milieu de la mer.

²⁴ À la veille du matin, Yahvé regarda de la colonne de feu et de nuée vers le camp des Égyptiens, et jeta la confusion dans le camp des Égyptiens. ²⁵ Il enraya les roues de leurs chars qui n'avançaient plus qu'à grand-peine. Les Égyptiens dirent: «Fuyons devant Israël car Yahvé combat avec eux contre les Égyptiens!»

²⁶ Yahvé dit à Moïse: «Étends ta main sur la mer, que les eaux refluent sur les Égyptiens, sur leurs chars et sur leurs cavaliers.» ²⁷ᵃ Moïse étendit la main sur la mer

²⁷ᵇ et au point du jour, la mer rentra dans son lit. Les Égyptiens en fuyant la rencontrèrent, et Yahvé culbuta les Égyptiens au milieu de la mer.

²⁸ Les eaux refluèrent et recouvrirent les chars et les cavaliers de toute l'armée de Pharaon, qui avaient pénétré derrière eux dans la mer. Il n'en resta pas un seul. ²⁹ Les Israélites, eux, marchèrent à pied sec au milieu de la mer, et les eaux leur formèrent une muraille à droite et à gauche.

³⁰ Ce jour-là, Yahvé sauva Israël des mains des Égyptiens, et Israël vit les Égyptiens morts au bord de la mer. ³¹ Israël vit la prouesse accomplie par Yahvé contre les Égyptiens. Le peuple craignit Yahvé, il crut en Yahvé et en Moïse son serviteur[4].

---

[4] Le texte d'Ex 10, 14-31 est tiré de *La Bible de Jérusalem*, Cerf et Éditions Paulines, 1988, pp. 99-100. Toutes nos références bibliques et les textes cités sont tirés de cette édition de *La Bible de Jérusalem*.

Que s'est-il passé réellement?

Il est bien difficile de dire ce qui est arrivé, des millénaires après les événements. Nous pouvons cependant affirmer qu'il s'est passé quelque chose de vraiment important puisque les Juifs en ont fait la pierre angulaire de leur foi. La sortie d'Égypte a sans doute été comprise comme un «miracle» par des esclaves ayant réussi à tromper la vigilance de leurs geôliers. Comme ce n'est que beaucoup plus tard que tout sera mis par écrit, les auteurs ont alors dramatisé les faits au service d'une vérité de foi bien plus importante que le rapport exact des détails historiques. Cela explique qu'Ex 14 rapporte deux versions différentes des événements, le récit yahviste écrit vers 950 A.C. et le texte sacerdotal rédigé vers 550 A.C., qui seront fusionnés vers 400 A.C. par un rédacteur final. On comprend que celui-ci n'ait pas voulu privilégier une source par rapport à l'autre puisqu'elles portaient toutes deux la Parole de Dieu, mais il est difficile d'accepter qu'il ait pu mélanger deux textes si différents. Pour nous, cela semble impensable; pour lui, l'impensable aurait été de perdre un des deux témoignages de sa tradition religieuse.

Ces faits posent une question fort importante: comment deux textes si différents peuvent-ils être inspirés? Précisons que pour l'écrivain sacré, ce qui compte, c'est d'abord de transmettre un message de foi, inspiré par l'Esprit de Dieu, lors d'une relecture des événements à la lumière de sa foi. Les détails ne sont pas importants en eux-mêmes car ils n'ont pas pour objectif de décrire la scène comme elle s'est déroulée, mais de créer l'atmosphère nécessaire à faire passer une vérité de foi plus importante. Aujourd'hui, au contraire, nous sommes portés à rechercher l'essentiel d'un récit dans l'exactitude des détails rapportant un événement. Il en résulte que nous avons bien du mal à accepter que des textes différents puissent rapporter un même message inspiré. En d'autres mots, de nos jours nous transmettons ce que nous croyons être la vérité d'une façon qui n'est pas celle que privilégient les auteurs de l'Ancien Testament. Cela amène à constater comment notre culture peut être différente de celle du peuple juif. La Bible se servait de détails, volontairement exagérés, au profit d'un message de foi, tandis que nous aimerions qu'elle nous transmette les vérités de foi par les menus détails.

2. Étude du genre littéraire pour refaire l'unité entre les deux versions du «passage» de la mer

Si la division d'Ex 14, 10-31 en deux grands récits a permis de constater les différences fondamentales qui existent entre les traditions yahviste et sacerdotale, quel est le message inspiré qui pourrait unifier des présentations si différentes du «passage» de la mer? L'étude du concept de genre littéraire permettra de comprendre la distinction à faire entre la forme et le fond d'un texte: le fond étant le message inspiré par l'Esprit de Dieu, et la forme, la façon de le dire propre à chaque auteur.

Selon la définition de A. Gelin, les genres littéraires sont «des cadres dans lesquels se coule spontanément la pensée d'un milieu humain, des formes d'expression qu'empruntera naturellement l'écrivain selon le but qu'il aura en vue. Si bien qu'on décèlera son intention quand on saura les lois propres à tel genre littéraire qu'il aura choisi[5]».

Notre culture regorge de genres littéraires différents que nous sommes habitués à bien lire. Prenons l'exemple du genre littéraire «petite annonce classée». Lorsque nous avons quelque chose à vendre, n'utilisons-nous pas souvent un moyen efficace qui consiste à faire passer une petite annonce dans le journal local? En posant ce geste, nous empruntons spontanément une forme d'expression, ayant des règles précises, capable de communiquer aux lecteurs notre projet de nous départir d'un bien. Comme nous avons recours aux formes ou genres littéraires d'une façon naturelle, de la même manière nous sommes habitués à les reconnaître et à les comprendre sans y réfléchir formellement. C'est ainsi que les personnes lisant notre petite annonce, savent qu'il ne faut pas y rechercher toute la vérité et rien que la vérité... La «petite annonce classée» est un des nombreux genres littéraires de notre temps correspondant à la

---

[5] A. Gélin, «Genres littéraires» (dans la Bible), in *Catholicisme*, n° 4, 1952, col. 1836-1837.

définition donnée plus haut: une forme d'expression qu'emprunte tout naturellement une personne qui veut transmettre un contenu d'idée.

Ainsi en va-t-il de la Bible. Elle a été écrite par des hommes qui ont emprunté les genres littéraires propres à leur temps pour transmettre des messages inspirés par l'Esprit. Il se peut donc que des textes très différents dans les détails qui les constituent, puissent avoir été écrits dans un même but et formulés à partir d'une même structure littéraire. L'œuvre du rédacteur final d'Ex 14, 10-31 devient parfaitement compréhensible, car il n'a que fusionné deux traditions, identiques sur le fond, mais différentes quant à la manière de dire les choses.

Quel est le genre littéraire d'Exode 14, 10-31
et le but poursuivi par ses auteurs?

Ce texte est formé de deux étiologies. Dans le domaine des études bibliques, une étiologie est un texte qui a les caractéristiques suivantes: il se présente comme un texte historique, car il se base sur un événement ou un fait précis, mais il n'en a pas la rigueur, car ses détails peuvent être contradictoires. De plus, un tel texte a pour objectif d'apporter une réflexion de foi sur des événements longtemps après coup, et l'intention de son auteur est de donner un message bien plus important pour lui que ne saurait l'être un récit exact des détails historiques. L'étiologie est donc un récit au service d'un message de foi. Les auteurs bibliques ne sont pas des menteurs, car ils ont expérimenté le message de foi qu'ils transmettent dans leur expérience de vie. Ils vont donc exagérer un peu la réalité, pour mettre leurs lecteurs en contact avec une vérité susceptible de rendre leur vie plus riche et plus épanouissante. Il faut connaître ces règles si nous voulons bien comprendre les témoignages de foi que la Bible nous rapporte.

Si la critique des sources met en évidence les divergences des deux récits du «passage» de la mer, l'étude de leur genre littéraire en fait redécouvrir l'unité fondamentale. Elle amène à prendre conscience que les auteurs yahviste et sacerdotal ainsi que le rédacteur final visaient le même but: dire que Dieu est puissant et qu'il met sa force au service de ceux et celles qui l'accueillent comme le Seigneur de leur vie. Tout le message d'Ex 14, 10-31 se résume en fait à une toute petite phrase : Dieu a manifesté son amour pour le peuple choisi en le faisant sortir de l'esclavage. Il serait intéressant de retourner à chacune des versions pour retrouver comment ce même contenu d'idée a été transmis à des époques différentes.

3. *Milieux de vie et messages des auteurs*[6]

L'auteur yahviste, qui vit à Jérusalem vers 950 A.C., s'adresse à un peuple riche et relativement puissant. À cette époque, Israël est favorisé par le fait que les grandes puissances du temps, l'Assyrie et l'Égypte, sont dans l'incapacité de mener des campagnes militaires à l'extérieur de leur territoire. Il en résulte que les Juifs sont en sécurité sur leur sol et qu'ils peuvent entrevoir un avenir heureux. Les promesses faites à Abraham ont été tenues (Gn 12, 1ss), Yahvé est vraiment un Dieu sur lequel ils peuvent compter. Tenant compte d'un tel milieu de vie, il n'est pas surprenant que le récit du «passage» de la mer leur soit présenté dans le contexte d'une guerre sainte où le Peuple n'a rien à faire sinon à attendre pour voir les prouesses de Dieu. On remarque que les théologiens de ce temps-là décrivent l'action du Seigneur en se basant sur la facilité avec laquelle les armées d'Israël contrôlent leur territoire. Dieu donne, les Juifs n'ont qu'à regarder autour d'eux pour croire...

Le texte sacerdotal fut rédigé à une époque bien différente. C'est lors de l'exil à Babylone que les prêtres vont reprendre le récit du «passage» de la mer pour le bénéfice d'un peuple qui a tout perdu. Pour bien saisir le contexte dans lequel vivent les déportés, il faut se rappeler que depuis 586 A.C. la ville de Jérusalem est détruite, le temple est brûlé et la royauté n'existe plus. Somme toute, Israël n'existe plus au nombre des nations. Dans un pareil moment historique, sur quoi pouvait encore se baser la foi en Dieu ? La lecture du travail sacerdotal nous révèle que les théologiens vont fonder l'espérance de leur peuple sur la puis-

---

[6] Pour en savoir davantage sur les milieux de vie des différents auteurs des textes bibliques, référez-vous à l'annexe II à la fin du volume.

sance créatrice du Seigneur. S'ils ne sont plus capables de dire que Dieu libère par les armées israéliennes, ils vont redonner confiance aux leurs en se basant sur la création qui les entoure. Les prêtres vont donc reprendre le récit du « passage » de la mer dans le cadre d'une action que seul le Créateur de l'univers peut accomplir : le Peuple va traverser la mer à pied sec, dans un corridor ouvert par le bâton que Moïse tient en main. C'est en faisant apparaître le sec au milieu de la mer que Dieu sauvera les siens, tout comme le Créateur a permis l'apparition de la vie en séparant l'eau et la terre dans le récit sacerdotal de la création (Gn 1, 1 — 2, 4a). La conclusion qui s'impose lors de l'exil à Babylone est la suivante : Yahvé est toujours puissant, même si les succès militaires de son peuple ne peuvent plus servir de signes de sa force. Tous les exilés sont donc appelés à lui demeurer fidèles, car il leur permettra de rentrer chez eux comme il a permis à leurs ancêtres de sortir d'Égypte et de revenir en terre promise.

Le texte final, écrit vers 400 A.C., combine les traditions yahviste et sacerdotale. La nation juive a alors repris vie depuis longtemps[7], mais elle reste soumise au pouvoir des Perses qui lui ont permis de revenir de son exil babylonien en 538 A.C. C'est dans ce contexte que le rédacteur final veut encourager les siens à garder espoir en des jours meilleurs. Dieu est fidèle et peut toujours aider son peuple. Ne l'a-t-il pas montré en le faisant sortir d'Égypte sous la direction de Moïse et ne lui a-t-il pas permis de revenir de Babylone guidé par ses prêtres? Ces hauts faits de Yahvé, que veut promouvoir Ex 14, 10-31 tel que rédigé vers 400 A.C., ont pour but de raviver la foi vacillante d'un peuple découragé.

Ces diverses relectures ont permis au peuple choisi de garder la foi en un Dieu présent dans sa vie et proche de ses difficultés. Il nous faut maintenant actualiser le contenu d'Ex 14, 10-31 de façon à nous laisser interroger par lui et à trouver, si

---

[7] En 538 A.C., un édit de Cyrus, roi des Perses, qui s'était emparé de l'empire babylonien, a permis aux Juifs de revenir en terre sainte et de reprendre leur vie nationale. Il suffit de lire les livres d'Esdras et de Néhémie pour réaliser les difficiles conditions de la réinstallation. Notons que le texte du décret de Cyrus se retrouve en Esd 1, 2-4.

possible, des réponses aux questions que pose notre expérience de vie.

4. *Actualisation*

Replaçons ces événements dans une vie de foi aujourd'hui...

L'histoire sainte a bien montré les conditions dans lesquelles Dieu est allé à la rencontre de son peuple alors qu'il était esclave et persécuté par les Égyptiens. C'est dans ce contexte, bien avant que les siens ne demandent son aide, que Yahvé prépare leur libération en leur choisissant un chef. Ensuite, non content de briser leurs adversaires, il va jusqu'à exécuter un miracle, le «passage» de la mer, leur permettant ainsi de passer de l'esclavage à la liberté.

Le déroulement des faits entourant la libération du peuple élu nous fait réfléchir sur une foule de liens entre leur sortie d'Égypte et notre propre libération. En effet, si nous méditons sur notre expérience de vie, ne serait-il pas possible d'y découvrir que nous avons été libérés de nos esclavages d'une façon analogue? N'est-il pas exact de dire qu'alors que nous n'avions pas encore rencontré le Seigneur dans notre vie ni même pris conscience de nos esclavages, qu'il avait déjà appelé une personne pour la mettre sur notre route et nous donner le goût de la liberté? Cette personne, c'est notre Moïse. Aujourd'hui, de nombreuses années après que nous nous soyons convertis à Dieu, ne pouvons-nous pas dire que c'est notre Moïse qui nous a donné le courage de régler nos problèmes? N'est-il pas exact aussi que c'est grâce à de nombreux signes que nous avons appris à reconnaître un Dieu libérateur au cœur de notre misère? Ces signes, ce sont nos plaies d'Égypte. Enfin, n'est-il pas vrai que notre foi tient à un événement précis ou à une suite de petits incidents qui nous ont fait découvrir le Seigneur? Il y a des parallèles intéressants à faire entre l'histoire sainte et notre histoire personnelle. C'est dans l'inconfort, au sein même de nos difficultés, que le Seigneur continue de nous visiter pour faire de nous des êtres libres et capables de le suivre par amour.

Certaines personnes refusent de faire ces liens parce qu'elles ne croient pas que leur expérience de vie puisse se comparer à celle du peuple élu. Il semble qu'elles n'aient jamais pris conscience que leur histoire personnelle est marquée par les merveilles de Dieu et qu'elle pourrait servir à rédiger une histoire sainte qui serait la leur. Tout ceci découlerait-il du fait qu'elles font une lecture littérale du texte biblique? Cette façon de faire les empêcherait-elle de voir comment les Écritures saintes se réalisent toujours? Si on lit la Bible à la lettre, rien de ce que nous expérimentons ne peut être comparable à ce qu'elle raconte. Nous devons plutôt en faire une lecture symbolique qui lui laisse la possibilité de nous rejoindre et de nous questionner. Pour ce faire, nous avons à nous dégager d'une lecture historique où seuls les détails des récits comptent, c'est-à-dire d'une lecture par laquelle nous nous faisons un film des événements de ce que nous lisons.

Le Dieu de Jésus est-il celui de l'Ancien Testament?

Le Dieu d'Ex 14, 10-31 est celui que l'humanité a connu jusqu'à la venue du Christ Jésus qui nous en a donné une image bien différente. Mais alors Dieu est-il le même ou a-t-il changé? Il n'a pas changé, mais nous le connaissons de mieux en mieux au fur et à mesure que les siècles passent. Comme nous l'avons constaté à partir de l'étude du «passage» de la mer, c'est d'abord la vie de tous les jours et ses signes, parfois bien timides, qui nous parlent le mieux de Dieu. En effet, nous avons montré que ce n'est qu'après coup et dans le cadre d'une lecture faite par des gens qui croient que Yahvé peut frapper l'un pour aider l'autre, que les auteurs bibliques nous ont donné les récits yahviste et sacerdotal.

Grâce à Jésus, nous avons eu la révélation d'un Père pour qui toutes ses créatures ont du prix à ses yeux. C'est ainsi que désormais nous n'irions pas dire que le Seigneur aurait pu faire mourir certaines personnes pour le bien-être de certaines autres. Nous savons que Dieu ne s'implique pas directement dans la politique et les guerres, mais qu'il accompagne toute et chacune de ses créatures qui cherche un chemin de paix. Si nous y pensons bien, ne serait-il pas plus efficace de demander d'être, tous et toutes, délivrés de nos esclavages individuels : égoïsme, manque d'amour, indifférence, etc. De cette façon nous pourrions espérer former un monde meilleur où régneraient la justice, la paix et la joie. Nous ne sommes pas sans savoir que des lois injustes empêchent le bien de se faire et privent les plus démunis de l'essentiel pour vivre une vie décente, mais où doit commencer le grand ménage ? Nous sommes d'avis qu'il doit débuter dans le cœur de chacun et chacune d'entre nous, car nous sommes toutes et tous responsables de la construction du Royaume de Dieu.

Pour continuer votre réflexion

Avez-vous déjà rencontré Dieu dans votre expérience de vie ? Si oui, comment avez-vous vécu cet événement particulier ? L'avez-vous découvert à l'occasion d'une expérience de libération ? Qu'est-ce qui se passait à ce moment-là ? Où étiez-vous ? Que faisiez-vous ? Comment compreniez-vous ce qui se passait ? Comment en êtes-vous venus à établir une relation à Dieu à partir d'un événement ? Souvent on découvre l'aide de Dieu en méditant une expérience vécue de libération. C'est alors comme si une nouvelle compréhension des faits venait éclairer la vie et lui donner de la profondeur. L'expérience démontre que certains individus vont vivre leur rencontre du Seigneur à la manière de Samuel[8], à partir de plusieurs petits signes, tandis que pour d'autres cette expérience se réalisera d'un seul coup, comme ce fut le cas de saint Paul[9].

Il arrive souvent de faire ces prises de conscience longtemps après. Ce fait ne diminue en rien la qualité de la découverte de Dieu dans ces événements de vie. Le temps qu'une personne prend à découvrir la réalité de son existence et son besoin de libération ne fait qu'enrichir cette expérience de rencontre de Dieu.

---

[8] Lisez le récit de son appel en 1 S 3.
[9] Lisez les différents récits de sa vocation en Ac 9, 1-19 ; 22, 6-16 et 26, 12-17.

Bibliographie

Boisvert, Léandre, «Le passage de la mer des Roseaux et la foi d'Israël», *Science et Esprit*, n° 27, 1975, pp. 147-154.

Cazelles, H., *Autour de l'Exode. Études*, Gabalda (Sources Bibliques), Paris, 1987, 438 p.

Colas, G., *L'Exode*, Mame (Ouvrir la Bible), Paris, 1981, 88 p.

Guillet, J., *Les premiers mots de la foi*, Le Centurion, Paris, 1977.

Magonet, J., «L'attitude envers l'Égypte dans le livre de l'Exode», *Concilium*, n° 220, 1988, p. 15-25.

Martin-Achard, R., *La Loi, don de Dieu*, Moulin, 1987, 82 p.

Natanson, J.-J., «La foi, mode propre de connaissance?», *Lumière et vie*, n° 22-113, 1973 pp. 85-95. Rey, B., «La trace de Dieu», *La Vie spirituelle*, n° 128, 1974, pp. 644-657.

Saout, Y., *Le grand souffle de l'Exode*, Fayard-Mame, Paris, 1977, 269 p.

Ska, J.-L., «La sortie d'Égypte (Ex 7-14) dans la tradition sacerdotale et la tradition prophétique», *Biblica*, n° 60, 1979, pp. 191-215.

Wiéner, C., «Le livre de l'Exode», *Cahier Évangile*, n° 54, Cerf, Paris, 1985, 63 p.

Deuxième chapitre

LA VOCATION DE MOÏSE

Dieu se sert souvent de quelqu'un de notre entourage pour nous guider vers notre libération. Le texte de la vocation de Moïse (Ex 3, 1-4, 9) permettra de nous rapprocher du libérateur du peuple juif, pour mieux reconnaître ceux ou celles que Dieu place sur notre route. De nos jours, il y a tant de personnes qui se disent appelées et qui ne le sont pas en réalité qu'il vaut la peine de nous arrêter sur les caractéristiques d'une véritable vocation.

Rappelons les événements de l'histoire sainte[1]...

L'appel de Moïse se situerait historiquement vers 1250 A.C. À cette époque, le héros vit sur le territoire de Madiân[2]. Ce passage du livre de l'Exode (Ex 2, 11-15) rapporte que c'est après avoir tué un Égyptien en train de frapper un Hébreu, qu'il a dû s'enfuir pour échapper à la colère de Pharaon mis au courant de la situation. La suite du second chapitre du livre de l'Exode nous apprend que Moïse va épouser Çippora, la fille d'un prêtre de l'endroit. Ce n'est que des années plus tard, après la mort du Pharaon, que les Israélites vont crier vers Dieu du fond de leur servitude pour qu'il leur vienne en aide (Ex 2, 23-25). Yahvé va à la rencontre de Moïse alors qu'il fait paître les troupeaux de

---

[1] Cf. H. Cazelles, *À la recherche de Moïse,* Cerf, Paris, 1979, 176 p.

[2] Le territoire de Madiân se situe dans la péninsule du Sinaï, à l'est du désert de Pâran, et non en Arabie. C'est la lecture du Premier Livre des Rois (1 R 11, 18) qui nous aide à situer l'endroit d'une façon précise. Cf. *La Bible de Jérusalem,* note «d», p. 86.

Jéthro (son beau-père) au désert (Ex 3, 1). Il est impossible de dire si Moïse était Égyptien ou Hébreu, car le texte de la Bible n'est pas explicite sur le sujet. La section d'Ex 1, 1 — 2, 15 le présente comme un Juif sauvé miraculeusement par l'intervention de Dieu à sa naissance et qui deviendra un grand personnage en Égypte. Mais il y a aussi le verset d'Ex 2, 19 où sa future épouse et ses sœurs le décrivent à leur père comme un Égyptien. Qui croire? Une chose est certaine, c'est ce personnage qui aidera le peuple choisi à sortir de l'esclavage.

Étude d'Exode 3, 1-4, 9: la vocation de Moïse

1. *La critique des sources ou l'identification des auteurs du texte*

La critique des sources peut paraître difficile et même indisposer certaines personnes parce qu'elle évacue tout le merveilleux des textes bibliques. C'est cependant une étape très importante de la méthode exégétique, et essentielle pour bien comprendre l'intention des différents auteurs. Elle permet de saisir que les détails ne sont pas importants en eux-mêmes mais qu'ils ont pour rôle de véhiculer un message de foi. Le tableau qui suit permet de comparer les deux versions de la vocation de Moïse pour identifier les divergences qui les séparent[3].

Texte yahviste	Texte élohiste
MISE EN SITUATION	
3, 1. Moïse faisait paître le petit bétail de Jéthro, son beau-père, prêtre de Madiân;	il emmena (le troupeau) par-delà le désert et parvint à la montagne de Dieu, l'Horeb.

---

[3] L'hypothèse que nous présentons s'inspire de la note «e» de *La Bible de Jérusalem*, p. 87. Le texte d'Ex 3, 1-4, 9 est tiré de la même source.

DIEU RENCONTRE
LE PERSONNAGE

DIEU RENCONTRE
LE PERSONNAGE

2. L'Ange de Yahvé lui apparut, dans une flamme de feu, du milieu d'un buisson. Moïse regarda: le buisson était embrasé mais le buisson ne se consumait pas.
3. Moïse dit: «Je vais faire un détour pour voir cet étrange spectacle, et pourquoi le buisson ne se consume pas.»
4a. Yahvé vit qu'il faisait un détour pour voir;

5. Il dit: «N'approche pas d'ici, retire tes sandales de tes pieds car le lieu où tu te tiens est une terre sainte.»

4b. et Dieu l'appela du milieu du buisson. «Moïse, Moïse», dit-il, et il répondit: «Me voici.»
6a. Et il dit: «Je suis le Dieu de tes pères, le Dieu d'Abraham, le Dieu d'Isaac et le Dieu de Jacob.»

CRAINTE

CRAINTE

6b. Alors Moïse se voila la face, car il craignait de fixer son regard sur Dieu.

MESSAGE OU MISSION

MESSAGE OU MISSION

7. Yahvé dit: «J'ai vu, j'ai vu la misère de mon peuple qui est en Égypte. J'ai entendu son cri devant ses oppresseurs; oui, je connais ses angoisses.
8. Je suis descendu pour le délivrer de la main des Égyptiens et le faire monter de cette terre vers une terre plantureuse et vaste, vers une terre qui ruisselle de lait et de miel, vers la demeure des Cananéens, des

9. Maintenant, le cri des Israélites est venu jusqu'à moi, et j'ai vu l'oppression que font peser sur eux les Égyptiens.
10. Maintenant va, je t'envoie auprès de Pharaon, fais sortir d'Égypte mon peuple, les Israélites.»

Hittites, des Amorites, des Perizzites, des Hivvites et des Jébuséens.

3, 16. « Va, réunis les anciens d'Israël et dis-leur : « Yahvé, le Dieu de vos pères, m'est apparu — le Dieu d'Abraham, d'Isaac et de Jacob — et il m'a dit : Je vous ai visités et j'ai vu ce qu'on vous fait en Égypte. 17. Alors j'ai dit : Je vous ferai monter de l'affliction d'Égypte vers la terre des Cananéens, des Hittites, des Amorites, des Perizzites, des Hivvites et des Jébuséens, vers une terre qui ruisselle de lait et de miel. » 18. Ils écouteront ta voix et vous irez, toi et les anciens d'Israël, trouver le roi d'Égypte et vous lui direz : « Yahvé, le Dieu des Hébreux, est venu à notre rencontre. Toi, permets-nous d'aller à trois jours de marche dans le désert pour sacrifier à Yahvé notre Dieu. » 19. Je sais bien que le roi d'Égypte ne vous laissera aller que s'il y est contraint par une main forte. 20. Aussi j'étendrai la main et je frapperai l'Égypte par les merveilles de toute sorte que j'accomplirai au milieu d'elle; après quoi, il vous laissera partir.

N.B. : les vv. 21-22 forment un ajout.

4,1 Moïse reprit la parole et dit: «Et s'ils ne me croient pas et n'écoutent pas ma voix, mais me disent: Yahvé ne t'est pas apparu?»
4,2 Yahvé lui dit: «Qu'as-tu en main? — Un bâton, dit-il. — 3. Jette-le à terre», lui dit Yahvé. Moïse le jeta à terre, le bâton se changea en serpent et Moïse fuit devant lui. 4. Yahvé dit à Moïse: «Avance la main et prends-le par la queue.» Il avança la main, le prit, et dans sa main il redevint un bâton. 5. «Afin qu'ils croient que Yahvé t'est apparu, le Dieu de leurs pères, le Dieu d'Abraham, le Dieu d'Isaac et le Dieu de Jacob.»
6. Yahvé lui dit encore: «Mets ta main dans ton sein.» Il mit la main dans son sein, puis la retira, et voici que sa main était lépreuse, blanche comme neige. 7. Yahvé lui dit: «Remets ta main dans ton sein.» Il remit la main dans son sein et la retira de son sein, et voici qu'elle était redevenue comme le reste de son corps. 8. «Ainsi, s'ils ne te croient pas et ne sont pas convaincus par le premier signe, ils croiront à cause du second signe. 9. Et s'ils ne croient pas, même avec ces deux signes, et qu'ils n'écoutent pas ta voix, tu prendras de l'eau du Fleuve et tu la répandras par terre, et l'eau que tu auras puisée au Fleuve se changera en sang sur la terre sèche.»

3,11 Moïse dit à Dieu: «Qui suis-je pour aller trouver Pharaon et faire sortir d'Égypte les Israélites?»

12. Dieu dit: «Je serai avec toi, et voici le signe qui te montrera que c'est moi qui t'ai envoyé. Quand tu feras sortir le peuple d'Égypte, vous servirez Dieu sur cette montagne.»

(hésitation encore)

13. Moïse dit à Dieu: «Voici, je vais trouver les Israélites et je leur dis: «Le Dieu de vos pères m'a envoyé vers vous.» Mais s'ils me disent: «Quel est son nom?», que leur dirai-je?» (second signe).

14. Dieu dit à Moïse: «Je suis celui qui est.» Et il dit: «Voici ce que tu diras aux Israélites: 'Je suis' m'a envoyé vers vous.»
15. Dieu dit encore à Moïse: «Tu parleras ainsi aux Israélites: 'Yahvé, le Dieu de vos pères, le Dieu d'Abraham, le Dieu d'Isaac et le Dieu de Jacob m'a envoyé vers vous. C'est mon nom pour toujours, c'est ainsi que l'on m'invoquera de génération en génération.'»

Sur quoi peut-on justifier la division qui vient d'être faite ?

Comme dans le cas du «passage» de la mer (Ex 14, 10-31), les textes yahviste et élohiste sont complets en eux-mêmes. En d'autres mots, il est possible de lire le premier indépendamment du second et vice versa. Cette division peut paraître arbitraire, mais elle se justifie en mettant en évidence les contradictions et les divergences de toutes sortes, permettant de reconnaître le travail de deux auteurs différents.

— D'abord, dans la première colonne (yahviste), on appelle Dieu Yahvé et dans la seconde (élohiste) «Élohim» (ou Dieu dans la traduction de *La Bible de Jérusalem*).

— En second lieu, les versets 7 et 9 du chapitre 3 présentent une différence théologique importante concernant l'image que les deux auteurs se faisaient de Dieu. Le texte yahviste (v. 7) nous présente un Dieu proche de son peuple; si proche qu'il n'a pas besoin d'entendre ses cris avant de voir sa misère. De son côté, le texte élohiste (v. 9) décrit un Dieu plus distant qui doit entendre le cri du Peuple avant de se pencher du haut de son ciel pour voir la misère qu'il endure. Bien que le Seigneur n'y soit pas moins compatissant, il n'habite plus au sein du Peuple comme c'était le cas à l'époque yahviste. La tradition yahviste introduit une conception de Dieu qui va avec la situation socio-culturelle de son temps : c'est le début de la royauté et le roi est encore facilement accessible. La tradition élohiste, pour sa part, reflète l'image d'un Dieu qui concorde avec son cadre de vie à elle : le royaume du Nord est un pays riche et son roi habite un palais qui l'éloigne du peuple. Ceci explique que Dieu soit, lui aussi, plus éloigné des siens.

— Troisièmement, un trait important de la version yahviste (Ex 3, 7-8 et 16-20) consiste à présenter Yahvé comme celui qui organise tout, et Moïse comme celui qui obéit sans discuter. Au contraire, dans la version élohiste (Ex 3, 9-15), ce dernier fait tout à la place de Dieu. (Ceci se remarque d'une façon particulière lorsqu'aux vv. 7-8 (yahvistes) Yahvé explique à Moïse que c'est lui-même qui fera monter son peuple d'Égypte, tandis qu'au v. 10 (élohiste) Dieu envoie Moïse vers Pharaon pour exécuter le travail à sa place.)

— Enfin, chacune des deux traditions décrit deux sociétés bien différentes l'une de l'autre.

— La colonne yahviste présente le peuple juif alors qu'il n'est pas encore habitué à vivre sous la royauté puisqu'il semble y avoir une forme de collégialité dans le gouvernement, car les Anciens accompagneront Moïse chez Pharaon. De plus, les hésitations de Moïse portent sur des doutes qui pourraient venir de la part des Anciens sur le fait que Yahvé lui soit apparu: «Et s'ils ne me croient pas et n'écoutent pas ma voix, mais me disent: Yahvé ne t'est pas apparu?» (Ex 4, 1). Et aussi, les signes magiques qui lui sont donnés pour le rassurer en Ex 4, 2-9 (le bâton qui se change en serpent, la main lépreuse et l'eau changée en sang) correspondent à ceux d'une civilisation très archaïque.

— Le rédacteur élohiste dépeint une société plus riche et plus évoluée. D'abord les hésitations de Moïse ne portent pas sur des doutes mais sur sa propre personne: «Qui suis-je pour aller trouver Pharaon et faire sortir d'Égypte les Israélites?» (Ex 3, 11) Le pouvoir est concentré dans les mains du roi et c'est pour cela que Moïse ne se sent pas digne, lui qui n'est qu'un berger, d'aller rencontrer le souverain égyptien. Ensuite, le signe élohiste, donné en Ex 3, 14, (la révélation du nom divin) est beaucoup moins magique. C'est une théologie sur Dieu car l'expression hébraïque, que l'on traduit par: «Je suis celui qui est», veut promouvoir la foi en un Dieu éternellement fidèle et devrait être rendue par: «je suis celui qui a été, qui est et qui sera».

Il n'est plus possible de lire le texte comme avant...

Le travail de critique des sources nous met en présence de deux récits différents écrits à des époques et à des endroits divers. Nous savons déjà que la tradition yahviste fut rédigée vers 950 A.C., à l'époque du royaume unifié de David et de Salomon. Le contenu du récit élohiste justifie une datation plus tardive et une situation socio-culturelle différente. Il a été rédigé au Royaume du nord entre 850 et 750 A.C. Les divergences entre ces deux versions de la vocation de Moïse nous amènent à revoir notre façon de lire ce texte biblique. Nous devons admettre que les auteurs n'avaient pas l'intention de raconter l'événement pour mettre les détails à l'honneur, car le rédacteur final leur accorde si peu d'importance qu'il ne se donne même pas la peine d'harmoniser les divergences des deux récits qu'il fusionne. Lire cette péricope d'une façon historique l'empêche de devenir un instrument de réflexion capable de conduire à un Dieu libérateur toujours à l'œuvre aujourd'hui.

Si des doutes persistent encore sur le fait que le texte d'Ex 3, 1 — 4, 9 ne présente pas un récit historique où les détails concordent avec les événements, il est possible de le comparer avec le récit sacerdotal de la vocation de Moïse, qui se trouve en Ex 6, 2-13 et 6, 28-7, 7. Cette fois-là, Moïse parle de son projet de sortir d'Égypte au peuple juif qui ne l'écoute pas, parce qu'il est à bout de souffle (Ex 6, 9). De plus, Dieu lui adjoint son frère Aaron pour être son porte-parole, car il a de la difficulté à s'exprimer (Ex 6, 12-13 et 7, 1-2). Il est difficile de ne pas y reconnaître la situation de vie du peuple juif en exil à Babylone : il est à bout de souffle et ce sont les prêtres, descendants d'Aaron le lévite[4], qui vont se substituer à la royauté (dont Moïse est le représentant) pour prendre la direction de la nation. Cela permet de reconnaître la différence fondamentale qui existe entre notre façon d'exprimer la vérité, et celle des Israélites lorsqu'il se servent des détails, qui nous sont si chers, pour transmettre un message plus important, à leurs yeux, que les détails qui le portent.

Que s'est-il passé réellement?

Il est très difficile de retracer les événements entourant la vocation de Moïse — les textes bibliques n'étant même pas sûrs de l'identité de Moïse[5]. Il faut laisser de côté cette question,

---

[4] Cf. Ex 28, 1; 29, 44 et surtout Lv 8-9.
[5] Ex 1, 1 — 2, 15 le présente comme un Juif, alors qu'Ex 2, 19 en parle comme d'un Égyptien.

pourtant si légitime aujourd'hui, et accepter que les auteurs bibliques aient eu en tête une intention bien différente de celle de faire de l'histoire. Tout ce que les textes bibliques permettent d'affirmer, c'est que de nombreuses années après les événements, alors que Moïse est reconnu comme le libérateur du Peuple, des hommes de foi ont écrit le texte d'Ex 3, 1-4, 9 pour dire clairement que celui-ci était un personnage choisi par Dieu pour libérer les Juifs. Ces auteurs exprimaient ainsi leur foi profonde dans le fait que toute la sortie d'Égypte était l'œuvre de Yahvé et qu'on devait lui en être reconnaissant. Cet événement n'est plus un fait historique ordinaire, il est devenu un geste de Dieu pour son Peuple dans une relecture de foi. Se peut-il que ceux qui ont rédigé ces textes si différents aient poursuivi un but commun?

2. *Étude du genre littéraire pour refaire l'unité*
    entre les deux versions de la vocation de Moïse

Ex 3, 1 — 4, 9 rapporte deux versions d'un événement qui ont été rédigées sous la forme du genre littéraire «récit de vocation». Elles partagent un contenu d'idées identique, articulé à partir d'un même plan dont voici les principaux points:

— Dieu rencontre Moïse

— Il lui confie une mission: sauver Israël

— Moïse hésite, il a des doutes...

— Dieu lui donne des signes pour le réconforter

Si les traditions diffèrent au niveau des détails, la structure qu'elles partagent indique qu'elles visent à exprimer un même message de foi à des personnes vivant dans des conditions de vie différentes: Moïse est un homme que Dieu a choisi pour délivrer son Peuple.

3. Milieux de vie et messages des auteurs[6]

À l'époque de l'auteur yahviste (vers 950 A.C.), le peuple juif est riche et il semble béni de Dieu, car ses voisins (Égyptiens et Assyriens) ont des problèmes chez eux et ne sont pas en mesure de lui créer des difficultés. On comprend alors que l'on puisse raconter la vocation de Moïse comme le début d'une libération conduite entièrement par Yahvé; une libération que personne ne peut empêcher. Celui qui raconte les faits veut dire à tout le monde que le bonheur dans lequel vit le peuple juif est totalement dû à Dieu et voulu par lui. Depuis le départ d'Égypte, c'est lui qui organise et fait tout. Ainsi, dans le texte yahviste, nous avons vu le Seigneur agir seul, Moïse (l'équivalent du roi) n'est que son représentant. Cette version des événements constitue un appel à l'action de grâces pour tout ce que le Seigneur a fait et une invitation pressante à lui rester fidèle...

L'auteur élohiste écrit dans une situation bien différente : au Royaume du Nord la foi en Dieu vacille et l'injustice sociale est le pain de tous les jours[7]. La royauté est bien décevante, car elle permet et encourage même que l'on s'éloigne de Dieu. L'auteur élohiste se sert du récit de la vocation de Moïse pour rappeler que le pays sera béni si le roi obéit à Dieu comme Moïse le faisait. Ainsi, la seconde version de la vocation de Moïse constitue une critique de la monarchie du Royaume du nord et un appel à la conversion destiné au peuple en général.

Le rédacteur final, qui fusionne les textes yahviste et élohiste après 721 A.C., vit à une époque où le sud d'Israël est lui aussi menacé par les Assyriens, qui se sont emparés du Royaume du Nord en 721 A.C. Son œuvre veut affirmer que le pays sera sauvé dans la mesure où, comme Moïse nous l'a enseigné, il sera fidèle à Dieu. Ce texte devient une critique de la royauté qui commence à s'éloigner de la foi yahviste. Pour s'en convaincre, il suffit de lire le court résumé de la vie du roi Achaz de Juda, que présente le second livre des Rois au chapitre 16. On y

---

[6] Pour en savoir davantage sur les milieux de vie des différents auteurs des textes bibliques, reportez-vous à l'annexe II à la fin du volume.

[7] On peut lire le cycle du prophète Élie en 1 R 17, 19; 21, 1-29; 22, 39-54 pour mieux connaître le milieu de vie de l'époque élohiste.

apprend qu'il eut une conduite très incorrecte, allant jusqu'à offrir son fils aux faux dieux et à faire des alliances politiques avec les Assyriens, plutôt que de se fier à Dieu comme le lui demandait le prophète Isaïe (Is 7-8). Ces textes, écrits à des époques différentes, portent un message de foi identique qu'il faut redire pour notre temps : c'est Dieu qui sauve, c'est lui qui est le libérateur d'Israël.

4. Actualisation et intégration

Replaçons ces événements dans une vie de foi aujourd'hui...

Il se peut que, dans notre expérience de vie, les choses se soient passées, ou soient en train de se passer de la même façon qu'elles se sont déroulées dans l'histoire sainte. Si nous faisons partie de ceux et celles qui crient vers le Seigneur du fond de leur souffrance, se peut-il qu'il travaille déjà à notre libération sans que nous le sachions? Ou encore, si nous faisons partie de ceux et celles qui ont la chance de vivre une bonne relation à Dieu, se pourrait-il que nous ayons été appelés à aider quelqu'un vivant dans notre entourage? Plusieurs personnes ne croient pas que les choses puissent se passer de la même façon aujourd'hui qu'à l'époque de l'Ancien Testament. Elles pensent que l'histoire sainte est terminée et que le «Bon Dieu» est à la retraite dans son ciel. L'étude du texte de la vocation de Moïse nous a permis de découvrir un témoignage de foi nous présentant l'image d'un Dieu qui, même aujourd'hui, ne peut laisser une personne seule devant les difficultés.

L'étude de plusieurs récits bibliques de mission[8] permet de dégager les éléments essentiels pour identifier une véritable vocation, dans un monde où se côtoient les faux prophètes et des gens trop humbles pour croire que le Seigneur puisse se servir d'eux.

— *La vocation vient de Dieu.* Cela veut dire que la personne qui se voit appelée l'est à sa grande surprise et souvent

---

[8] Nous recommandons la lecture des textes suivants : Is 6, 1-10; Jr 1, 4-10; Ac 9, 1-19; 22, 6-16; 26, 12-18; Lc 1, 26-38; Mt 1, 18-25.

contre un plan de carrière dans lequel cet appel ne cadre pas du tout.

— *La mission est révélée à la personne par Dieu lui-même.* Ceci se fait souvent par l'intermédiaire de signes qui, bien que tirés de la vie de tous les jours, sont porteurs de la parole de Dieu. Pensons à la pauvreté, à l'exploitation, etc., qui sont des paroles de Dieu incarnées.

— *La peur.* La personne que Dieu appelle se trouve souvent prise de peur devant la tâche à accomplir et hésite à faire ce qui lui est demandé.

— *Les signes.* Devant ces hésitations, Dieu envoie des signes qui sont de nature à donner confiance et à provoquer un engagement.

Pour continuer votre réflexion

Avez-vous déjà été appelé(e) par le Seigneur?

— Les caractéristiques de la vocation, telles que nous les trouvons dans les textes bibliques, vous ont-elles permis de vous souvenir d'un appel que Dieu vous aurait déjà adressé?

— Avez-vous été envahi par la présence du Seigneur? Des événements vous ont-ils fait saisir que vous aviez quelque chose de nécessaire à accomplir au nom de votre foi?

— Comment avez-vous réagi? Avez-vous eu des doutes sur l'origine de cet appel? Avez-vous été sceptique sur vos capacités d'accomplir ce à quoi vous étiez convié?

— Que s'est-il passé alors? Avez-vous eu d'autres signes de la part de Dieu pour vous montrer que vous étiez dans la bonne voie?

— Si vous n'avez jamais senti d'appel, avez-vous identifié une personne de votre entourage qui vous interpelle par son exemple et peut-être par ses paroles; une personne qui vous invite à vous mettre en route sur une voie de libération?

Bibliographie

Cazelles, H., *À la recherche de Moïse*, Cerf, Paris, 1979, 176 p.

Choisy, M., *Moïse*, Mont-Blanc, Lausanne, 1966, 333 p.

Martin-Achard, R., «Moïse, figure de médiateur selon l'Ancien Testament», dans: *La figure de Moïse* (en collaboration), 1978, pp. 9-30.

Michaud, Robert, *Moïse: histoire et théologie*, Cerf, Paris, 1979, 193 p.

Neher, A., *Moïse et la vocation juive*, Seuil, Paris, 1956, 192 p.

Rey, B., «Que la foi est étrange», *La Vie spirituelle*, n° 680-695, 1976, pp. 324-334.

Winoc de Brouker, «Nouveautés des confessions de foi actuelles», *Lumière et Vie*, n° 28, 1979, pp. 7-22.

Troisième chapitre

LES PLAIES D'ÉGYPTE

Ce chapitre clôt la trilogie de la sortie d'Égypte formée par le «passage» de la mer, la vocation de Moïse et le récit des plaies d'Égypte. Le Seigneur laisse des signes de sa présence et de son amour indéfectible dans ce qui se passe autour de nous. Les plaies d'Égypte sont des phénomènes naturels, dans lesquels le peuple juif a vu, longtemps après coup, l'action puissante de Yahvé en train de le sauver de ses ennemis. Le passage d'Ex 7, 8 — 11, 10 constitue un autre beau témoignage de foi visant à démontrer que Yahvé ne peut laisser les siens dans l'esclavage parce qu'il veut s'attacher des hommes et des femmes libres.

Rappelons les événements de l'histoire sainte[1]...

Après que Dieu lui eut donné la mission de faire sortir son peuple de l'esclavage, Moïse est retourné en Égypte avec sa famille pour s'acquitter de sa tâche (Ex 4, 18ss)[2]. La suite du livre de l'Exode nous décrit son arrivée et son entrevue avec Pharaon où il lui demande pour la première fois de laisser partir son peuple (Ex 5, 1-5). Cette première rencontre se termine sur un refus de rendre la liberté aux Hébreux, et de plus Pharaon donne des instructions pour que les chefs de corvée exigent encore plus des esclaves juifs (Ex 5, 6-14). Tout ceci les amène à se plaindre au Pharaon ainsi qu'à Moïse et à Aaron (Ex 5, 15-21). Devant les

---

[1] Cf. A. Barucq, «Plaies d'Égypte», *Dictionnaire de la Bible, Supplément,* 8, 1972, Col. 6-18.
[2] Il est à noter que l'évangéliste Matthieu a décrit la fuite en Égypte de la sainte famille à partir de la lecture d'Ex 4, 20.

récriminations du Peuple, Moïse se retourne vers Yahvé pour l'accuser de l'avoir envoyé empirer la situation des siens et de ne rien faire pour les aider à sortir de l'esclavage (Ex 5, 22-23). C'est alors que Dieu lui répondit qu'il allait contraindre Pharaon à laisser partir son peuple (Ex 6, 1). Tout est en place pour que puisse débuter la série de dix «signes» destinés à faire fléchir le pouvoir égyptien (Ex 7, 8 — 11, 10). Cette description des événements nous laisse croire que Dieu va prendre le parti des Juifs contre les Égyptiens. À l'époque où ces textes sont écrits, il est clair que l'on croyait que c'est ce qui s'était passé. On pensait que le Seigneur avait forcé les Égyptiens à laisser partir leurs esclaves; on s'imaginait qu'il pouvait punir certaines de ses créatures au profit du peuple élu. Nous entendons montrer que Dieu n'a pas puni les uns pour aider les autres, mais nous voulons aussi confirmer que les Juifs avaient raison de prétendre que leur Dieu souhaitait leur libération.

Étude d'Exode 7, 8 — 11, 10: les plaies d'Égypte

Ce texte forme un témoignage de foi écrit longtemps après par trois écoles de rédaction différentes: yahviste, élohiste et sacerdotale, qui répondent aux caractéristiques suivantes:

— L'auteur yahviste, toujours fidèle à lui-même comme dans le cas du «passage» de la mer (Ex 14, 13-14), fera agir Yahvé seul.

— L'auteur élohiste appelle Dieu «Élohim» (Dieu dans la traduction de *La Bible de Jérusalem*) et Moïse en est le serviteur qui accomplit les signes (comme on le lit dans la version élohiste de la vocation de Moïse en Ex 3, 1-4, 9).

— Finalement, l'auteur sacerdotal écrit un texte où Moïse et Aaron travaillent ensemble (comme c'était le cas en Ex 6, 13 et 7, 1-2: le récit sacerdotal de la vocation de Moïse).

Les plaies d'Égypte ont donc existé en trois versions différentes à certaines époques de l'histoire d'Israël (yahviste, vers 950 A.C., élohiste, vers 850 A.C. et sacerdotale, vers 550 A.C.). C'est enfin un rédacteur final qui a fusionné le texte jéhoviste, déjà constitué après la chute de Samarie en 721 A.C., à la tradition sacerdotale vers 400 A.C.

1. *La critique des sources ou l'identification des auteurs du texte*

Nous ne tenterons pas de diviser le récit des plaies d'Égypte entre ses trois auteurs originaux, car les hypothèses de critique des sources sont nombreuses et fort différentes[3]. De plus, il ne nous apparaît pas important de le faire, car nous nous trouverions alors en face de trois versions qu'il serait impossible de lire indépendamment les unes des autres. Cependant, il est facile de démontrer qu'Ex 7, 8 — 11, 10 constitue bien le résultat du travail de plusieurs auteurs à partir des divergences que nous découvrons dans le texte. Ainsi, pour l'école yahviste, c'est Dieu qui fait tout (Ex 9, 3), pour la tradition élohiste, c'est Moïse qui accomplit les ordres de Dieu (Ex 9, 10b) et enfin l'auteur sacerdotal fait agir conjointement Moïse et Aaron (Ex 8, 12-15). En second lieu, Ex 7, 14 — 10, 29 se base sur la tradition de l'exode-fuite, vers 1250 A.C., alors qu'Ex 11, 1-10 s'inscrit dans le cadre de l'exode-expulsion, vers 1550 A.C. Le texte des plaies d'Égypte rapporte donc deux façons différentes de sortir de l'esclavage. Toutes ces incohérences montrent bien que le récit n'a pas pu être écrit par une seule personne. De plus, bien d'autres détails divergents et des tensions internes confirment que le rédacteur final ne voulait pas écrire un texte dans le but de décrire les événements tels qu'ils se sont historiquement déroulés. En voici une courte liste qui est loin d'être exhaustive :

— En Ex 7, 22 on dit que les magiciens de l'Égypte transforment eux aussi l'eau en sang, après que Moïse l'eut pourtant fait tout juste avant. Cette description des faits ne rapporte pas les faits tels qu'ils sont arrivés, car quel avantage auraient tiré les magiciens égyptiens en accablant leur pays encore plus? N'auraient-ils pas dû changer du sang en eau pour soulager la misère des leurs et ainsi aider leur roi à tenir tête à Yahvé?

---

[3] Cf. la note « a » de *La Bible de Jérusalem*, p. 91 : « Les plaies III et VI sont propres à la tradition sacerdotale; la distribution des autres entre les traditions yahviste et élohiste est difficile. »

— Dans la première plaie: l'eau changée en sang (Ex 7, 14-25), on remarque que tout se passe entre Yahvé et Moïse, alors qu'en Ex 7, 19, un nouveau personnage entre en scène, il s'agit d'Aaron. Ce changement de sujet de l'action se poursuivra tout au long du récit des plaies. Un second exemple se trouve dans la deuxième plaie, où, en Ex 7, 26, on retrouve Moïse seul alors qu'en Ex 8, 1 Aaron se joint à lui.

— La cinquième plaie (Ex 9, 1-7) raconte comment tout le bétail des Égyptiens est mort à la suite de l'action de Dieu. Comment se peut-il donc que dans la sixième plaie (Ex 9, 8-12) ce même bétail égyptien puisse tomber malade?

Nous ne pouvons plus lire le texte comme avant.

Dans le récit des plaies d'Égypte, les détails ne peuvent pas servir de base au tournage d'un film des scènes qui y sont décrites. La preuve en est que le rédacteur final a fusionné des textes en laissant ensemble des détails contradictoires. Cela veut donc dire qu'il utilise certains phénomènes naturels et les dramatise pour transmettre le message qu'il y a saisi longtemps après. Ce qu'avaient aussi fait, avant lui, les auteurs yahviste, élohiste et sacerdotal. C'est pour cela que nous ne rejetterons aucun des détails, mais que nous les lirons en vue de comprendre le message qu'ils veulent nous faire saisir.

Toutes les plaies sont des phénomènes naturels qui font partie de la vie de tous les jours au Proche-Orient. «Il ne faut pas chercher à justifier ces prodiges par l'astronomie ou les sciences naturelles, mais le récit qui en est fait utilise des phénomènes naturels qui sont connus en Égypte et inconnus en Palestine (le Nil rouge, les grenouilles, le sirocco noir), ou qui sont connus en Égypte et en Palestine (les sauterelles), ou encore connus en Palestine mais exceptionnels en Égypte (la grêle)[4].» Face à ces affirmations, il est nécessaire de reprendre chacune des plaies pour les expliquer d'une façon plus précise, pour identifier

---

[4] *La Bible de Jérusalem*, note «a», p. 91.

quelle était l'intention des personnes qui ont ainsi utilisé des phénomènes naturels pour décrire l'action bienveillante de Dieu à leur égard.

L'eau changée en sang — Chaque année, et ce jusqu'en 1967 de notre ère, date où l'Égypte a bâti le barrage Abdel Nasser sur le Nil, l'eau couvrait la région du Delta du fleuve lors de la crue, et prenait la coloration rouge du sol de ses berges. Ceci explique que longtemps après les événements, les Juifs diront que l'eau a été changée en sang par Yahvé.

Les grenouilles — Lorsqu'un fleuve sort de son lit, il est bien évident que les grenouilles qui habitent en bordure de l'eau se retrouvent là où elles ne se tiennent pas habituellement. On a donc amplifié un phénomène naturel pour en faire une plaie épouvantable pour un juif vivant à Jérusalem, dans un milieu de vie très différent.

Les moustiques — Les personnes qui vivent le long des cours d'eau savent bien qu'une inondation crée des conditions favorables à la multiplication des moustiques de toutes sortes. Cette plaie se fonde sur un autre phénomène naturel relié au débordement du Nil. Les Égyptiens ne sont sans doute pas touchés d'une façon particulière l'année de la fuite des Juifs. C'est lors de la rédaction du texte des plaies qu'on laissera croire le contraire. L'intention de l'auteur étant de montrer la puissance de Dieu à l'œuvre pour les siens.

Les taons — Les taons constituent une plaie qui frappe les animaux partout dans le monde. Il s'agit donc d'un phénomène naturel décrit de façon à faire éclater, à la face de tous, que les Juifs forment un peuple protégé par Dieu. Cette plaie et les deux autres qui suivront vont frapper des personnes différentes de celles à qui étaient destinées les trois premières. En effet, celles qui ont vu l'eau se changer en sang et qui ont subi l'invasion des grenouilles et des moustiques habitaient surtout en bordure du Nil, alors que celles qui souffriront davantage des taons, de la mortalité du bétail et des ulcères sont les éleveurs de bétails plus à l'intérieur des terres.

La mortalité du bétail — La mortalité du bétail ne constitue pas une plaie propre à l'Égypte. Le rédacteur final accumule simplement les signes pour faire éclater la puissance de Dieu qui tient à libérer son Peuple.

Les ulcères — Cette plaie arrive en retard par rapport à la précédente, car comment des animaux morts peuvent-ils tomber malades? Ceci montre bien le caractère hautement symbolique du récit. Encore une fois, un phénomène naturel, la maladie du bétail, fait valoir la puissance de Yahvé.

La grêle — Les deux plaies suivantes (la grêle et les sauterelles) sont destinées aux agriculteurs. Quoi de pire que la grêle pour les personnes qui vivent de la culture agricole? Ce phénomène atmosphérique fait encore frémir ceux et celles qui y sont soumis. On comprend qu'installés en Israël les Juifs ne manqueront pas d'utiliser la grêle, qui est beaucoup plus fréquente chez eux, pour décrire comment Dieu s'y est pris pour les délivrer des Égyptiens.

Les sauterelles — Nous savons tous que les sauterelles ont constitué et constituent encore un fléau redoutable pour les agriculteurs de toutes les époques. Il est facile de comprendre que la Bible se servira d'elles pour montrer comment Yahvé peut frapper fort pour obtenir la libération des siens.

Les ténèbres — Cette dernière plaie peut s'expliquer par le phénomène que constituent les tempêtes de sable dans le désert. Elles soulèvent de fines particules de poussière dans l'atmosphère qui obstruent partiellement les rayons du soleil.

Toutes les plaies d'Égypte s'expliquent donc à partir des phénomènes naturels propres au Proche-Orient. Il est possible de déceler une constante dans leur utilisation par les différents auteurs. Tous veulent souligner la puissance de Yahvé qui est capable d'utiliser les forces de la nature en vue du bien-être de son peuple.

2. Étude du genre littéraire pour refaire l'unité entre les diverses versions des plaies d'Égypte

Le récit d'Ex 7, 8 — 11, 10 est un récit étiologique. Ce genre littéraire se présente sous la forme d'un récit de type historique, mais qui n'en a pas la rigueur. La brève liste des détails divergents, établie plus haut, suffit à le prouver. Cette histoire a donc été transmise dans le but de livrer un témoignage de foi, bien plus important que ne pourrait l'être une simple description des événements tels qu'ils se sont déroulés. Chacun des auteurs a poursuivi le même objectif : dire clairement, mais d'une façon symbolique, que l'on peut faire confiance à Yahvé, car il est plus puissant que le plus fort des rois. Le rédacteur final a réussi à unifier les diverses traditions dont il s'inspire, dans le cadre d'une négociation entre Moïse et Pharaon, dont l'enjeu était de faire sortir le peuple juif de l'esclavage.

Nous devons souligner la différence culturelle qui sépare notre monde de celui de la Bible. Nous sommes friands de textes où les détails sont importants pour eux-mêmes, ce n'est pas ce qui compte en premier lieu pour le peuple de la Bible. Pour lui, ce qui importe le plus, c'est le message inspiré. Ainsi, nous ne pouvons pas dire que le texte des plaies d'Égypte rapporte des mensonges, même s'il est cousu d'incohérences, car ses auteurs n'avaient pas pour but de faire de l'histoire exacte pour répondre à nos questions, même si elles sont bien légitimes. Le récit des plaies constitue une catéchèse comme on les faisait à l'époque de l'Ancien Testament. Ce texte provient d'un récit oral qu'on se transmettait de génération en génération et dont le but était de permettre aux enfants juifs de lire l'histoire de leur peuple de façon à y découvrir la présence d'un Dieu bon et protecteur. À cette époque ancienne, c'est le peuple qui comptait d'abord et non pas l'individu. Ceci explique que la catéchèse se faisait en fonction des événements qui avaient marqué la vie nationale. Comment chacun des auteurs a-t-il été en mesure de transmettre fidèlement le message de la puissance libératrice de Dieu?

3. *Milieux de vie et messages des auteurs*

À l'époque yahviste, vers 950 A.C., tout va bien pour le peuple juif vivant sous la monarchie de David et de Salomon dans un pays unifié et puissant. Pour rappeler que tout vient de Dieu, il était utile de rappeler aux Juifs que ce n'est pas la monarchie ou la puissante armée juive qui avait permis la sortie d'Égypte, mais la volonté salvifique de Yahvé. La version yahviste d'Ex 7, 8, — 11, 10 constitue donc un appel à l'action de grâces pour que Dieu continue de bénir les siens.

Entre 850-750 A.C., alors que le Royaume du Nord est riche, mais qu'il oublie les grands commandements d'aimer Dieu et son prochain[5], l'auteur de la version élohiste affirme que le pays sera béni dans la mesure où son roi sera fidèle à Dieu comme le fut Moïse. Le récit devient donc une mise en garde adressée aux personnes qui ont abandonné le Seigneur ou qui sont tentées de le faire. On leur rappelle que le Dieu des Juifs est plus puissant que les plus grands rois de la terre et que c'est de lui que viennent toutes les bénédictions.

Durant l'exil à Babylone, alors que la royauté n'existe plus, ni le pays, ni le Temple, il ne reste plus que les prêtres pour guider le peuple juif. On comprend facilement que l'école sacerdotale fasse entrer en scène le personnage Aaron, dont elle fera le frère de Moïse. Elle veut présenter les prêtres, ses descendants, comme les personnes capables de répéter l'exploit de leur ancêtre qui avait contribué à délivrer le Peuple d'Égypte environ 700 ans auparavant. En d'autres mots, si Moïse et Aaron ont pu ramener les Juifs en terre promise, les prêtres sont encore capables de le faire si les gens gardent confiance en Dieu.

Vers 400 A.C., alors que les Juifs sont revenus d'exil mais qu'ils vivent sous la domination des Perses, quelqu'un pense à raviver l'espérance de ses coreligionnaires. Il leur redit d'être fidèles à Dieu et de suivre leurs prêtres. Ainsi le pays sera de nouveau béni, comme c'était le cas à l'époque de Moïse et

---

[5] Pour s'en convaincre il suffit de lire les cycles des prophètes Élie (1 R 17; 2 R 1) et Élisée (2 R 2-8).

d'Aaron. Ex 7, 8 — 11, 10 veut donc raviver la foi en un Dieu puissant à une époque difficile de l'histoire du peuple juif.

4. Actualisation et intégration

Replaçons ces événements dans une vie de foi aujourd'hui...

L'histoire sainte nous met en présence d'un peuple qui ploie sous le fardeau de l'esclavage. Elle nous fait découvrir des gens qui nous ressemblent. En effet, ne sommes-nous pas parfois dans la même situation que les Juifs en Égypte, esclaves des valeurs que nous avons choisies? ou dépendants et dépendantes d'une foule de facteurs à qui nous avons laissé une emprise trop grande sur nous? Que faisons-nous quand quelqu'un nous propose de nous sortir de nos esclavages? Ne murmurons-nous pas contre cette personne quand nous nous apercevons que pour devenir libres, il nous faudra abandonner de fausses sécurités? Ne sommes-nous pas déçus quand nous nous rendons compte que les choses ne se font pas rapidement ni sans douleur?

Dieu se manifeste souvent dans ce qui semble faible... Les plaies d'Égypte sont des phénomènes naturels tirés de la vie de tous les jours en Égypte et en Israël. C'est donc à partir des événements très banals que nos ancêtres dans la foi ont rencontré Dieu. Nous ne voulons pas remettre en doute les signes qui leur ont révélé la présence d'un Dieu qui les accompagnait et les guidait vers la liberté. D'ailleurs ne fait-on pas le même type de lecture partout où l'on tente de se libérer des oppresseurs dans notre monde d'aujourd'hui? Ne dit-on pas que Dieu est du côté de celui qui est asservi? Pourquoi refuserions-nous au peuple juif de prétendre que le Seigneur était avec lui et qu'il était solidaire de ses projets? Il serait bon cependant d'affirmer qu'à cause de la révélation faite par Jésus, Dieu, qui veut la libération de toutes ses créatures humaines, ne tue pas pour prêter main forte à un groupe aux dépens d'un autre. Au contraire, il nous accompagne et nous convoque tous à bâtir un royaume de paix, de joie et de bonheur.

L'enseignement spirituel que nous pouvons tirer des grands moments de l'histoire sainte (le «passage» de la mer, la vocation de Moïse, et finalement les plaies d'Égypte) nous montre que c'est dans le quotidien que notre Dieu se manifeste. Attendre le Seigneur dans des miracles extraordinaires pourrait nous empêcher de le voir à l'œuvre. Il est vrai qu'une recherche intellectuelle de Dieu est moins dérangeante que celle que nous propose une réflexion sur les conditions de vie des pauvres, des malades, des personnes âgées ou encore l'état général de notre monde. Par bonheur, le Seigneur ne se présente pas que dans la souffrance, nous pouvons aussi le reconnaître dans les beautés de la nature, le bonheur de vivre, la joie des enfants, etc.

Exode 7, 8 — 11, 10 peut-il servir à quelque chose aujourd'hui?

Ce texte nous apprend qu'il est possible que Dieu choisisse de nous apprivoiser lentement en nous montrant de lui le visage d'un être bon et protecteur. Combien de personnes ne vous ont-elles pas déjà confié que jamais elles n'auraient eu le courage de supporter ce que la vie leur avait envoyé si elles n'avaient pas senti la présence de Dieu avec elles? Si nous acceptons de lire les plaies d'Égypte d'une façon signifiante, nous pourrons redécouvrir les signes que le Seigneur nous a donnés en vue de nous libérer, et nous expérimenterons que la Parole de Dieu est toujours agissante, même trois mille ans après avoir été écrite.

Pour continuer votre réflexion

— Par quels signes Dieu vous a-t-il manifesté qu'il vous accompagnait? Êtes-vous en mesure de vous souvenir d'une série d'événements ordinaires, que vous avez reconnus, après coup, comme susceptibles de vous conduire à une libération?
Si des personnes demeurent dans leur souffrance et l'endurent, d'autres, à partir des mêmes réalités, utilisent cet inconfort pour en sortir! Êtes-vous de ces gens là?

— Seriez-vous capables d'identifier les signes, tirés de votre expérience de vie de tous les jours, où vous avez senti la présence de Dieu tout près de vous? Quel visage de Dieu ces événements vous ont-ils fait découvrir?

— Êtes-vous en mesure de faire des liens entre votre propre histoire du salut et celle du peuple juif? Ne pouvons-nous pas dire que Dieu nous accompagne et nous soutient comme il le fit pour les Juifs lors de la sortie d'Égypte, si nous cessons de lire le texte des plaies d'Égypte d'une façon littérale?

Bibliographie

Ska, J.L., «Les Plaies d'Égypte dans le récit sacerdotal», *Biblica*, n° 60, 1979, pp. 23-35.

Cunchillos, J.-L., *La Bible. Première lecture de l'Ancien Testament I*, «Exode I. Le Pharaon contre Dieu», pp. 63-82 et «Exode II. Dieu contre le Pharaon», pp. 83-95.

Michaeli, F., *Le livre de l'Exode*, Labor et Fides, Genève, 1974, 312 p.

Nys-Masure, Colette, «Les présents du présent», *Vie spirituelle*, n° 130, 1976, pp. 826-835.

Rey, B., «La trace de Dieu», *Vie spirituelle*, n° 128, 1974, pp. 644-657.

Wiéner, C., «Le livre de l'Exode», *Cahier Évangile*, n° 54, Cerf, Paris, 1985, 63 p.

Quatrième chapitre

LA MARCHE AU DÉSERT

Après le «passage» de la mer, le peuple élu est sorti de l'esclavage et se retrouve en plein désert, dans un lieu où la vie se révélera vite être très difficile. La traversée du désert a été très précieuse pour donner un sens aux difficultés vécues par les Juifs et elle peut l'être aussi pour nous tous, qui sommes appelés à vivre les hauts et les bas de l'expérience de vie. L'exemple de nos ancêtres dans la foi constitue un appel à remettre en question notre rêve d'une existence humaine où tout serait parfait.

Rappelons les événements de l'histoire sainte[1]

Le chant d'action de grâce d'Ex 15 raconte jusqu'à quel point le Peuple fut heureux de voir que le Seigneur avait détruit l'armée de Pharaon. Pour lui, c'était la preuve que Dieu était de son côté. Bien que nous sachions que Dieu n'a pas frappé les Égyptiens pour protéger les Juifs, nous comprenons que ce texte, écrit après coup, exprime clairement que l'on croyait Yahvé capable de tout faire pour rendre la vie facile aux siens. C'était une erreur! Myriam, la sœur d'Aaron, et les autres femmes n'avaient pas encore fini de louer Dieu (Ex 15, 20-21) que déjà on commençait à murmurer contre lui parce que la marche au désert ne se déroulait pas comme on le souhaitait (Ex 15, 22ss).

---

[1] Cf. H. Cazelles, *À la recherche de Moïse*, Paris, 1979; R. De Vaux, *Histoire ancienne d'Israël*, Tome 1, Gabalda, Paris, 1971, p. 392-409 et 511-522.

Il est bien difficile pour ces gens qui viennent de vivre un moment fort avec leur Dieu (le «passage» de la mer), de retomber sur terre et de devoir affronter la vie de tous les jours au désert. Dès qu'une difficulté arrive, on doute et on crie vers Moïse qui, à son tour, se tourne vers Yahvé. La section Ex 15, 22 — 17, 7 rappelle les dures réalités du séjour au désert : le manque d'eau et le manque de nourriture. Décidément, le chemin vers la terre promise réservait beaucoup de surprises à ces gens qui pensaient qu'avec Dieu leurs misères étaient terminées. En fait, c'est une nouvelle page des relations entre Dieu et son peuple qui s'ouvre, où ce dernier doit découvrir celui qui l'a fait sortir d'Égypte et ce qu'il pouvait en attendre. Si on en croit la gradation des murmures contre Yahvé, il semble que ce ne fut pas facile d'expérimenter que la foi ne transforme pas le désert en un lieu agréable.

Après trois mois de marche, les Juifs se sont arrêtés pendant deux ans pour reprendre leur souffle. N'ayant plus rien à craindre des armées de Pharaon, ils vont se donner une constitution pour se permettre, eux qui étaient des esclaves, de former un peuple (Ex 19-24). C'est au désert du Sinaï, en un lieu qu'il n'est pas facile de situer géographiquement à partir du récit biblique[2], qu'ils vont faire alliance avec Yahvé et, grâce à elle, resserrer les liens qui les unissent. Le reste de la marche au désert se trouve aux chapitres onze et suivants du livre des Nombres, qui rappellent toutes les difficultés que le Peuple dut y affronter : les malheurs (Nb 11, 1-3), la faim (Nb 11, 3-34), le découragement (Nb 13, 35 — 14, 38), la révolte contre l'autorité de Moïse (Nb 16, 1-35), le manque d'eau (Nb 20, 1-13) et le danger des serpents (Nb 21, 4-9). Le séjour au désert ne fut certes pas facile à supporter. Ce n'est que plus tard que les prophètes comme Amos et Osée pourront en faire une relecture positive. Le premier le présente comme une route où les Juifs ont appris à se laisser guider par Dieu (Am 2, 10) et le second,

---

[2] Il peut se situer dans la péninsule du Sinaï, en Arabie où des volcans étaient en activité à l'époque de Moïse ou encore près de Cadès. Il semble cependant que sa localisation dans le sud de la péninsule du Sinaï demeure la plus vraisemblable. C'est là que la tradition chrétienne le situe depuis le IVe siècle après Jésus Christ. Cf. note «b» de La Bible de Jérusalem, p. 104.

comme l'époque des fiançailles avec Yahvé, où il s'est montré capable de répondre aux besoins des siens (Os 2, 16ss).

Ex 16, 1-18 et 17, 1-7 deux témoignages écrits après coup, alors que les dangers du désert ne sont plus que des souvenirs, nous apprendront comment le peuple juif a réussi à surmonter ses doutes et à rester fidèle à Dieu malgré l'inconfort qu'il a vécu.

Première partie : les difficultés de la route
(Exode 16, 1-18 et 17, 1-7)

1. La critique des sources ou l'identification des auteurs du texte

Ces textes ne doivent pas être lus d'une façon historique, car une longue liste de détails contradictoires peut être mise sur pied en peu de temps. Par exemple, en Ex 16, 1-18, parfois Moïse est seul à agir (Ex 16, 4 — 8, 11) et parfois il est présenté en compagnie d'Aaron (Ex 16, 2-3 — 6-10). De plus, le travail de l'auteur yahviste se caractérise ici, comme dans le cas des plaies d'Égypte, par le fait que Yahvé agisse sans intermédiaire et que Moïse ne soit pas escorté d'Aaron. Pour sa part, l'auteur sacerdotal réunit Moïse et Aaron, comme c'est son habitude[3]. Signalons enfin que les phénomènes de la manne et des cailles, liés ensemble en Ex 16, 1-18, ne se sont pas déroulés au même endroit. Le premier a eu lieu sur le bord de la Méditerranée, au nord de la péninsule du Sinaï, tandis que le second s'est produit au cœur du désert. Une note de *La Bible de Jérusalem*, résume ainsi l'histoire de ce texte: «Cet épisode conserve quelques éléments de tradition yahviste dans un ensemble de tradition sacerdotale, cf. la stricte réglementation du ramassage de la manne, soumise aux exigences du sabbat[4].» Elle attire aussi l'attention sur le fait que ce texte rapporte les souvenirs de deux groupes de personnes qui ne sont pas revenus en terre promise par le même chemin. Ce fait s'explique par une double sortie

---

[3] Reportez-vous à Ex 8, 12-15, texte sacerdotal qui présente Moïse et Aaron ensemble.

[4] *La Bible de Jérusalem,* note «d», p. 101.

d'Égypte: l'exode-expulsion, vers 1550 A.C., et l'exode-fuite sous la direction de Moïse vers 1250 A.C.

Dans le cas d'Ex 17, 1-7, il s'agit d'un texte yahviste situant l'épisode de l'eau jaillie du rocher dans la région de Réphidim, alors que son doublet sacerdotal (Nb 20, 1-13) le place non loin de Cadès. Il va sans dire qu'il ne peut s'agir d'un récit historique au sens moderne.

Nous ne pouvons plus lire le texte comme avant...

On doit toujours comprendre les détails du récit d'une façon symbolique, tout en se rappelant qu'ils reposent sur une expérience de vie, où les Juifs ont reconnu la présence de Dieu qui les accompagnait et les guidait vers la terre promise.

Bien qu'il soit difficile de dire ce qui est réellement arrivé, il est sûr qu'Ex 16, 1-18 raconte un danger réel encouru par les personnes qui vivent au désert, le manque de nourriture. C'est une réalité de la vie de tous les jours que le peuple juif a souvent dû affronter. Cependant il ne faut pas croire que, lorsque la nourriture commence à manquer, Dieu intervient tout de suite en faveur des siens. Le texte, résultat de la fusion des témoignages yahviste et sacerdotal, constitue plutôt une relecture de foi faite longtemps après les événements.

Dans le cas d'Ex 17, 1-7, il s'agit de la découverte imprévue d'une oasis qui sert de toile de fond au récit de l'eau jaillissant du rocher. Nb 20, 1-13, son doublet sacerdotal, fait saisir toute la différence qui sépare notre culture de celle des Juifs de ce temps-là.

2. *Étude du genre littéraire pour refaire l'unité des deux versions des événements*

Les deux récits, Ex 16, 1-18 et Ex 17, 1-7, constituent deux étiologies dans lesquelles il semble que Dieu agisse en faveur des siens dès qu'ils se plaignent. L'intention des auteurs et du rédacteur final est d'affirmer que Dieu est intervenu pour faire passer les Juifs de l'esclavage à la liberté. Ils ont donc utilisé deux phénomènes naturels et les ont interprétés comme le résultat de l'action salvifique de Dieu. La manne est due à la sécrétion d'insectes vivant sur certains arbres (des tamaris), que l'on trouve dans la région du centre de la péninsule du Sinaï[5]. L'abondance de cailles serait explicable par le fait que ces oiseaux, épuisés par la traversée de la Méditerranée au retour de leur migration en Europe, s'abattent en grand nombre sur la côte, au nord de la péninsule du Sinaï en septembre[6]. Quant à l'eau jaillie du rocher d'Ex 17, 1-17, on saisit facilement qu'il s'agit là du souvenir de la découverte d'une oasis où le Peuple a pu boire alors qu'il se croyait perdu, qu'on a réinterprété après coup comme l'œuvre de Yahvé. Ces deux prodiges n'ayant pas eu lieu au même endroit de la Péninsule sinaïtique, cela démontre bien que le lien qu'Ex 16, 1-18 fait entre eux ne reflète pas la réalité historique.

Ces deux miracles furent perçus par les Juifs comme le fruit de leurs prières, mais il n'est pas nécessaire de croire que Yahvé ait agi à peine cette prière faite, ou encore qu'il ait donné exactement ce qu'on lui demandait, comme nous le laisse entendre la relecture de foi faite bien longtemps après. Israël a voulu présenter Dieu comme une personne qui répond toujours aux prières à sa manière, mais les difficultés de la marche au désert confirment que le fait de croire n'empêche pas de vivre une certaine insécurité.

3. *Milieux de vie et messages des auteurs*

L'auteur yahviste veut rappeler à un peuple qui a tout ce qu'il désire sous le règne de David et Salomon, que c'est grâce à Yahvé qu'il est béni de la sorte. Pour ce faire, il raconte les événements anciens de façon à ce que tous puissent y reconnaître la présence de Dieu qui protège et conduit les siens vers la terre promise. Le message est clair: ce n'est pas la royauté, si puissante soit-elle, qui est responsable du bonheur des Juifs. Ex 16 est un appel à reconnaître la puissance de Yahvé, ses actions passées prouvant qu'on peut se fier en lui et qu'il est le

---

[5] Cf. *La Bible de Jérusalem,* note «d» p. 101.
[6] Cf. *Ibidem.*

seul capable d'assurer un avenir à la hauteur des aspirations du peuple juif.

L'auteur sacerdotal, qui rédige son texte lors de l'exil à Babylone, tente de faire saisir que le Seigneur, qui a été capable de nourrir son peuple lors de son séjour au désert, peut répéter ses prouesses de nouveau. Le texte devient un appel à garder confiance malgré une situation présente peu reluisante. Une histoire ancienne est donc réutilisée dans un contexte très différent de l'époque yahviste pour garder vive la foi en Dieu. Les auteurs bibliques ne rapportent pas les faits de l'histoire du salut, mais tentent d'en faire ressortir le sens profond pour éclairer leur expérience de vie de foi.

4. *Actualisation et intégration*

Replaçons ces événements dans une vie de foi aujourd'hui...

L'histoire sainte nous fait rencontrer un peuple qui nous ressemble. Il croyait qu'après être sorti de l'esclavage d'Égypte plus rien de mauvais ne pouvait lui arriver, car Dieu était avec lui. La réalité n'a pas mis de temps à reprendre le dessus. Après un moment d'exaltation, la vie l'a appelé à découvrir qui était Dieu et ce qu'il pouvait attendre de lui. Il en est de même pour nous qui croyons que le fait de croire va nous éviter les échecs, la souffrance, la peur, etc. C'est alors que nous expérimentons la soif, la faim, la peur et la solitude, comme Israël au désert. Il semble, à ce moment-là, que le Seigneur, que nous avons vu, entendu ou senti si près de nous, se trouve à des années lumière de nos difficultés. Nous nous sentons abandonnés et, comme les Juifs, nous pensons retourner en arrière et nous murmurons contre Yahvé...

Combien de temps durent les difficultés du désert?

Le désert dure le temps nécessaire à chaque individu pour apprendre qui est réellement Dieu et ce qu'il peut réellement lui apporter. Tant que nous vivons de nos rêves, nous sommes incapables de trouver la façon de lire notre expérience de vie de manière à découvrir que le bonheur est souvent là, dans ce que nous avons. Combien de personnes n'avons-nous pas entendues dire qu'après leur rencontre du Seigneur elles ne voyaient plus la vie comme avant? Ces témoignages, ne les avons-nous pas compris en profondeur le jour où nous avons fait cette troublante expérience de voir notre vie transformée par la rencontre de la personne de Dieu? Ce fut le cas de Paul, longtemps persécuteur se croyant du côté de la lumière, jusqu'au jour où, à Damas, il vit Jésus et se rendit compte de sa cécité. Nous avons tous et toutes à remettre nos croyances et nos attentes en cause pour être en mesure de découvrir Dieu comme il est et dans ce qu'il nous donne. En deux mots, nous devons arrêter de demander ce que le Seigneur pourrait nous donner, pour nous mettre à la recherche des merveilles qu'il accomplit déjà pour chacun de nous et, ainsi, le découvrir présent même dans nos déserts.

Plusieurs personnes affirment que sans le Seigneur elles n'auraient jamais réussi à surmonter certaines difficultés. Ces témoignages révèlent que longtemps après les événements nous pouvons prendre la distance nécessaire pour découvrir le côté positif de certaines situations pénibles. Le séjour au désert est très enrichissant dans une démarche de foi, parce qu'il nous permet de nous transformer et de voir notre monde avec des yeux neufs. Sans cette dure période de l'existence, nous risquerions de nous trouver face à notre terre promise sans pouvoir la reconnaître; nous la foulerions de nos pieds sans nous en apercevoir. Pensons aux nombreuses personnes qui ont tout pour être heureuses et qui n'y réussissent pas. Ne sont-elles pas en train de chercher un bonheur qu'elles n'auraient qu'à accueillir? Plus nous sommes conscients de la réalité, plus nous sommes proches de Dieu et capables d'en découvrir les gestes de salut dans notre expérience de vie.

Notre société elle aussi vit des traversées de désert. Pour nous en convaincre nous n'avons qu'à ouvrir nos journaux écrits ou électroniques qui nous conscientisent à la famine, à la pauvreté, au désespoir, etc. Combien de temps ces souffrances devront-elles nous être présentées avant que nous engagions à changer cet état de fait? Si individuellement nous devons rechercher les signes de la présence d'un Dieu agissant, pour notre bien, à travers les personnes qui nous entourent, collectivement nous devons poser des gestes porteurs d'espérance...

Seconde partie: l'Alliance et le Décalogue (Exode 19-20 et 24)

1. *La critique des sources*

Plusieurs divergences à l'intérieur d'Ex 19-24 nous amènent à faire une distinction entre les grandes sections du passage à l'étude. D'abord les chapitres 19 et 24 forment un tout et racontent comment Israël a conclu une alliance avec Yahvé. Ils sont le produit de la fusion des traditions yahviste, élohiste et sacerdotale, modifiées par des ajouts provenant d'auteurs difficiles à identifier. De plus, le style bien différent d'Ex 20, 1-17 (les dix commandements) par rapport aux textes qui l'entourent, révèle la présence d'une nouvelle unité littéraire de source élohiste. Enfin, Ex 20, 22 — 23, 33 (le code d'alliance), retient lui aussi l'attention par sa facture bien personnelle. Ce serait l'œuvre d'une collectivité sédentaire ayant vécu avant la monarchie en Israël.

Plusieurs contradictions ou tensions à l'intérieur de ce récit mettent sur la piste d'une rédaction composite.

— En Ex 19, 16, c'est dans le cadre d'un volcan que nous est décrite la théophanie à laquelle le Peuple va assister, tandis qu'en Ex 19, 18 elle se produit dans le cadre d'un orage.

— Moïse monte tellement de fois sur la montagne qu'il ne réussit pas à suivre le conteur et se trouve pris en-bas alors qu'il devrait être en-haut et vice versa. Ex 24, 3 en est un bon exemple: Moïse est en-bas, en train de rapporter des paroles de Yahvé, alors qu'il n'est pas encore monté sur la montagne où le Seigneur le conviait en Ex 24, 1-2.

— Plusieurs personnes montent sur la montagne mais ce sont rarement les mêmes: Moïse seul en Ex 24, 12; Moïse et son serviteur Josué en Ex 24, 13; Moïse, Aaron, Nadab, Abihu et les soixante-dix anciens d'Israël en Ex 24, 1.

— En Ex 24, 4, on dit clairement que c'est Moïse qui a écrit les dix commandements alors qu'en Ex 24, 12 on laisse entendre que c'est Yahvé qui les a mis lui-même par écrit.

— La conclusion de l'alliance nous est décrite de façon bien différente par la tradition yahviste, en Ex 19, 10-15, 17-19a et 24, 1-2, 9-11; par la tradition élohiste, en Ex 19, 2b-3a, 9a-16, 19b-20 et 24, 3-8, 12-15a, 18b; enfin, par la tradition sacerdotale, en Ex 19, 1-2a et 24, 15b-18a; sans oublier que ce récit a été redessiné par d'autres auteurs, dont nous retrouvons le travail en Ex 19, 3b-8, 9b, 21-25 et 20, 18-21.

Nous ne pouvons plus lire le texte comme avant

Tous ces désaccords invitent à ne pas faire une lecture historique de la conclusion de l'alliance entre Dieu et le Peuple. Les détails formant Ex 19-20 et 24 n'ont pas pour but de décrire les minutes des événements. Cette évidence appelle à lire la péricope à l'étude comme un texte à message où les détails ont une signification symbolique. C'est la seule façon de ne pas laisser tomber certaines phrases au profit de quelques autres, ou de tenter d'harmoniser des témoignages irréconciliables.

Il est difficile de dire ce qui s'est passé. Il semble que le peuple juif, après trois mois de marche, ait senti le besoin de s'arrêter pour faire le point sur ce qu'il vivait, et surtout pour se donner des lois qui lui permettent de vivre plus uni en développant des rapports internes plus harmonieux. En effet, les Juifs sont des anciens esclaves en fuite et ils n'ont pas de code de lois qui leur soit propre. Ayant trouvé un lieu propice, ils vont rechercher la base du décalogue dans les lois communes à tout le Proche-Orient et vont raconter cette expérience de foi en se servant du cadre littéraire dans lequel se coulaient habituellement les alliances entre un grand roi et un petit vassal. Cet arrêt dans leur marche vers la terre promise leur permettra, inspiré par l'esprit de Dieu, de mettre leur constitution par écrit. C'est lors d'une relecture tardive qu'ils appelleront ces lois, commandements de Dieu donnés dans le cadre de l'alliance au Sinaï. Une comparaison avec des textes extra-bibliques confirme cette hypothèse.

Premier élément de comparaison

La comparaison entre la façon normale de conclure des alliances civiles contemporaines de la sortie d'Égypte[7] et la description de l'alliance au Sinaï confirme que la Bible s'est inspirée des coutumes de son temps pour la raconter.

— Quand on faisait une alliance civile, on mettait par écrit un document d'alliance. Ex 24, 4, 12 fait aussi référence à cette coutume: «... monte vers moi sur la montagne et demeure là, que je te donne les tables de pierre... que j'ai écrites pour leur instruction» (Ex 24, 12).

— On invoquait les dieux de part et d'autre. Comme Israël fait alliance avec Dieu, il sera évidemment le seul à invoquer le nom de Yahvé (Ex 19, 8b).

— Le vassal jurait fidélité au grand roi à qui il demandait protection, comme les Juifs jurent souvent fidélité en invoquant le nom de Dieu. On en trouve des exemples en Ex 19, 8 et 24, 3.

— Des bénédictions ou des malédictions étaient rattachées à l'obéissance ou à la transgression des conditions d'alliance. Souvent l'Ancien Testament nous présente Yahvé comme un Dieu fidèle à ceux qui l'aiment, mais qui peut aussi se venger sur les générations et les générations dans le cas contraire. «... Yahvé, ton Dieu, je suis un Dieu jaloux qui punis la faute des pères sur les enfants, les petits-enfants et les arrière-petits-enfants pour ceux qui me haïssent, mais qui fais grâce à des milliers pour ceux qui m'aiment et gardent mes commandements» (Ex 20, 5).

---

[7] G. Kestemont, *Le traité entre Mursil II de Hatti et Niqmepa d'Ugarit*, UF6, 1974, pp. 85-127.

— On faisait un serment de fidélité ordinairement lors d'un repas. Ex 24, 9-11 rapporte un repas auquel Moïse et ses amis auraient été conviés par Dieu lui-même sur la montagne.

— Le document de l'alliance était déposé dans le temple du grand roi et dans celui du petit vassal. Ex 25, 16, bien que situé hors des limites d'Ex 19 et 24, indique que les tables de la Loi furent déposées dans l'arche d'alliance[8]. Plus tard, lorsque le Temple sera bâti, c'est là que l'arche sera déposée à son tour.

— On faisait la lecture publique du document d'alliance chez le vassal. Ex 24, 12 rappelle que les tables de pierre devaient être lues pour instruire le Peuple de leur contenu. On sait aussi, à partir du témoignage de Ne 9, 1ss, qu'on lisait la Torah aux personnes réunies au temple de Jérusalem lors de la fête annuelle des Expiations.

— Il y avait un tribut à payer au grand roi par le petit royaume qui avait demandé sa protection. Il n'y a rien à payer à Dieu car son salut est gratuit.

— Le grand roi venait visiter son petit vassal pour renforcer les liens qui les unissaient. Dieu ne visite pas son peuple de la même façon, mais nous pouvons dire que sa présence sur la montagne et dans les événements de l'histoire du salut laisse entendre qu'il n'est jamais loin des siens. Il est vraiment un protecteur consciencieux et très efficace.

Cette comparaison, effectuée à partir des coutumes des peuples entourant les Juifs, démontre qu'il n'est pas nécessaire de penser que Dieu se soit manifesté d'une façon aussi visible et sensible. Le Peuple, conscient que sans l'appui de Yahvé il n'aurait jamais pu sortir d'Égypte, veut dire clairement qu'il se sent protégé par lui comme par un grand roi. Cela veut aussi dire que le peuple juif appartient à Yahvé et qu'il doit agir en conséquence. Ce premier élément de comparaison confirme que le texte d'Ex 19 et 24 constitue une relecture de l'alliance faite, à

---

[8] Cf. note «h» de *La Bible de Jérusalem*, p. 111.

partir des éléments de la culture du Proche-Orient, pour renforcer la foi en Dieu.

Second élément de comparaison

Le rapprochement du texte de l'alliance entre Mursil et Niqmepa[9] avec celui d'Ex 20, 1-17 (le décalogue) certifie que l'alliance avec Yahvé est décrite d'une façon analogue à celle qui fut conclue entre un grand roi (Mursil) et un petit vassal (Niqmepa) avant la sortie d'Égypte.

Alliance entre Yahvé et les Juifs	*Alliance entre Mursil et Niqmepa*
Préambule : Ex 20, 1 : Dieu prononça toutes ces paroles, et dit :	*Préambule :* «Ainsi (parle) le Soleil Mursil Grand-Roi, roi du Hatti.»
Prologue historique : Ex 20, 2 : «Je suis Yahvé, ton Dieu, qui t'ai fait sortir d'Égypte, de la maison de servitude.	*Prologue historique :* «En ce qui te concerne, Niqmepa, en ton pays je t'ai ramené, et roi, sur le trône de ton père je t'ai fait asseoir.»
Stipulation générale : Ex 20, 3 : Tu n'auras pas d'autres dieux devant moi.	*Stipulation générale :* «Le pays où, moi, je t'ai ramené, et toi, Niqmepa, avec ton pays, vous êtes mes serviteurs.»
Obligations générales : Ex 20, 4-17 : Tu ne feras aucune image sculptée, rien qui ressemble à ce qui est dans les cieux, là-haut, ou sur la terre, ici-bas, ou dans les eaux...	*Obligation générale :* «Ainsi, toi, Niqmepa, à dater d'aujourd'hui et pour la suite des jours, au roi du Hatti, ton maître et au Hatti tu seras fidèle.

---

[9] Mursil fut un roi hittite qui régna durant la période de gloire de l'empire, entre le XIVe et le XIIIe siècles A.C. Le texte du traité entre Mursil et Niqmepa est tiré de J. Nougayrol, *Le palais royal d'Ugarit IV, mission de Ras Shamra IX*, Paris, 1958, p. 88.

Tu ne te prosterneras pas devant ces dieux et tu ne les serviras pas, car moi Yahvé, ton Dieu, je suis un Dieu jaloux qui punis la faute...
Tu ne prononceras pas le nom de Yahvé ton Dieu à faux, car Yahvé ne laisse pas impuni celui qui prononce son nom à faux.
Tu te souviendras du jour du Sabbat pour le sanctifier...
Honore ton père et ta mère, afin que se prolongent tes jours sur la terre...
Tu ne tueras pas.
Tu ne commettras pas d'adultère.
Tu ne voleras pas.
Tu ne porteras pas de témoignage mensonger contre ton prochain.
Tu ne convoiteras pas la maison de ton prochain...

Comme toi, Niqmepa, toi-même, ta personne, tes femmes, tes soldats, ton pays te sont précieux, que le roi même, la personne du roi, et le Hatti te soient pour toujours choses précieuses.
Dans la suite des jours, du roi du Hatti, des fils du roi, des fils des fils du roi, et du Hatti, garde l'accord d'amitié.»

Ex 19 et 24 ne constitue pas une fidèle description des événements historiques. Leurs auteurs se sont servis non seulement des coutumes locales pour décrire le cadre de l'Alliance, mais ils ont aussi formulé un texte la décrivant en s'inspirant de la façon de faire du temps. Cela donne à réfléchir sur l'historicité des événements tels que décrits en Ex 19 et 24, mais n'autorise pas à douter que les Juifs aient pu sentir la présence de Yahvé qui les accompagnait.

Troisième élément de comparaison

Un rapprochement entre le texte du code de l'alliance (Ex 20, 22 — 23, 33) et celui du décalogue (Ex 20, 1-17) avec les lois du Proche-Orient permettra de constater que le texte des dix commandements n'a pas été imposé par Dieu, qui l'aurait écrit et remis à Moïse, mais que ce sont les Juifs qui se sont donné un code moral, inspirés par l'Esprit de Dieu à partir des lois et des coutumes des peuples qu'ils côtoyaient.

Le code de l'alliance, le décalogue et les lois et coutumes anciennes[10]

La loi du talion :

Code d'Hammourabi[11] : — «Si un seigneur détruit l'œil d'un membre de l'aristocratie, on détruira le sien. S'il brise les os d'un autre seigneur, on détruira les siens. Si un seigneur arrache une dent à un seigneur de son rang, on arrachera une de ses dents.»

Exode 21, 14-25 : — «Œil pour œil, dent pour dent, main pour main, pied pour pied, blessure pour blessure, brûlure pour brûlure.»

La question du viol :

Hittite[12] : — «Si un homme saisit une femme dans les montagnes, c'est le crime de l'homme et il sera tué. Mais s'il la saisit dans sa maison à elle, c'est le crime de la femme et la femme sera tuée».

Deutéronome 22, 23-37 : — «Si l'on prend sur le fait un homme couchant avec une femme mariée, tous deux mourront : l'homme qui a couché avec la femme et la femme elle-même. Tu feras disparaître d'Israël le mal. Si une jeune fille vierge est fiancée à un homme, qu'un autre homme la rencontre dans la ville et couche avec elle, vous les conduirez tous les deux à la porte de cette ville et vous les lapiderez jusqu'à ce que mort

---

[10] Le texte des lois est tiré de J.B. Pritchard, *Ancient Near Eastern Texts*, Princeton University Press, Princeton New Jersey, 1969, p. 175, 196 et 163.

[11] Hammourabbi est le véritable fondateur de l'empire de Babylone. Il régna de 1730 A.C. jusqu'en 1687 A.C. Le code d'Hammourabi est constitué de 282 arrêts de jurisprudence. Le principe du talion apparaît dans le code criminel.

[12] Le code des Hittites date des environs des XIVe et XIIIe siècles avant Jésus Christ.

s'ensuive : la jeune fille parce qu'elle n'a pas appelé au secours dans la ville, et l'homme parce qu'il a usé de la femme de son prochain. Tu feras disparaître le mal du milieu de toi. Mais si c'est dans la campagne que l'homme a rencontré la jeune fille fiancée, qu'il l'a violentée et qu'il a couché avec elle, l'homme qui a couché avec elle mourra seul; tu ne feras rien à la jeune fille, il n'y a pas en elle de crime qui mérite la mort. Le cas est semblable à celui d'un homme qui se jette sur son prochain pour le tuer : car c'est à la campagne qu'il l'a rencontrée, et la jeune fille fiancée a pu crier sans que personne vienne à son secours ».
Dt 22, 23-27 représente le code de loi juif sur la question.

La question du vol :

Eshnunna[13] *:* — « Si un homme donne une partie de ses biens en dépôt à... et si les biens qu'il donne disparaissent sans que la maison ait été cambriolée, sans que le sippu (la partie de la maison située près de la porte) ait été abattu ou la fenêtre forcée, il (le dépositaire) remplacera ses biens (ceux du déposant).
Si la maison d'un homme s'écroule ou est cambriolée et si en même temps que les biens du déposant à lui confiés il a subi lui-même des dommages, le propriétaire de la maison lui fera serment à la porte de Tishpak (le dieu principal d'Eschnunna) en disant : « En même temps que tes biens, mes biens ont été perdus; je n'ai rien fait d'injuste ou de frauduleux. » S'il prononce un serment semblable, on ne portera pas d'accusation contre lui ».

Exode 22, 6-7 : — « Si quelqu'un confie à un autre la garde d'argent ou d'objets de valeur, et qu'on les vole chez celui-ci, le voleur, si on le trouve, devra restituer au double. Le voleur n'est-il pas retrouvé, le maître de la maison se présentera devant Dieu et déclarera qu'il n'a pas mis la main sur le bien de son prochain. »

---

13 C'est un code de loi phénicien datant du XIXe siècle A.C.

Sur plusieurs points : un extrait du livre des morts des anciens Égyptiens[14]

Je n'ai pas commis l'iniquité contre les hommes.
Je n'ai pas maltraité les gens.
Je n'ai pas commis de péchés de la Place de Vérité.
Je n'ai pas cherché à connaître ce qui n'est pas à connaître.
Je n'ai pas fait le mal.
Je n'ai pas commencé de journée ayant reçu une commission de la part des gens qui devaient travailler pour moi, et mon nom n'est pas parvenu aux fonctions d'un chef d'esclaves.
Je n'ai pas blasphémé Dieu.
Je n'ai pas appauvri un pauvre dans ses biens.
Je n'ai pas fait ce qui est abominable aux dieux.
Je n'ai pas desservi un esclave auprès de son maître.
Je n'ai pas affligé.
Je n'ai pas affamé.
Je n'ai pas fait pleurer.
Je n'ai pas tué.
Je n'ai pas ordonné de tuer.
Je n'ai fait de peine à personne.
Je n'ai pas réduit les offrandes alimentaires dans les temples.
Je n'ai pas souillé les pains des dieux.
Je n'ai pas volé les galettes des bienheureux.
Je n'ai pas été pédéraste.
Je n'ai pas forniqué dans les lieux saints du dieu de ma ville.
Je n'ai pas retranché au boisseau.
Je n'ai pas triché sur les terrains.
Je n'ai pas ajouté au poids de la balance.
Je n'ai pas faussé le peson de la balance.
Je n'ai pas ôté le lait de la bouche des petits enfants.
Je n'ai pas privé le petit bétail de ses herbages.
Je n'ai pas piégé d'oiseaux des roselières des dieux.
Je n'ai pas pêché de poissons de leurs lagunes.
Je n'ai pas retenu l'eau dans sa saison.
Je n'ai pas opposé une digue à une eau courante.

---

[14] Paul Barguet, *Le livre des morts des anciens Égyptiens*, (littérature ancienne du Proche-Orient), Cerf, Paris, 1967, pp. 158-160. Ce livre a été rédigé à partir des phrases qu'on peut lire dans les tombeaux égyptiens.

Je n'ai pas éteint un feu dans son ardeur.
Je n'ai pas omis les jours d'offrandes de viandes.
Je n'ai pas détourné le bétail du repas du dieu.
Je ne me suis pas opposé à un dieu dans ses sorties en processions.
Chapitre 125, p. 158-160

Ce dernier élément de comparaison établit clairement les liens étroits qui existent entre les commandements de Dieu, le code de l'alliance et les lois et coutumes du Proche-Orient et relance la question de l'inspiration dans la Bible. Nous sommes obligés de réviser un concept d'inspiration basé sur une dictée venant directement de la bouche de Dieu. Elle se situe plutôt dans la capacité de choisir, sous inspiration de l'Esprit de Dieu, les coutumes et les lois qui sont de nature à donner à Israël un mode de vie à la hauteur de sa foi en Yahvé. Ex 19-24 ne rapporte pas les détails historiques d'une rencontre entre Dieu et les Juifs, où les deux parties auraient conclu une alliance.

2. *Étude du genre littéraire*

L'étude du genre littéraire des différentes composantes d'Ex 19-24 vient confirmer que ce texte constitue une étiologie par laquelle on veut signifier que Dieu a voulu faire une alliance avec le peuple élu et qu'il le protège depuis lors. On comprend que les détails servent à faire passer un message de foi bien plus important, aux yeux des Juifs, que la description précise des circonstances dans lesquelles s'est faite l'Alliance: Dieu aime son peuple et le protège.

Quelle est l'intention de l'auteur d'Exode 20, 1-17?

Le texte du décalogue (Ex 20, 1-17) se démarque du code d'alliance (Ex 20, 22 — 23, 33). Le premier contient des prescriptions de type apodictique, c'est-à-dire énoncées à l'impératif. Le second contient des lois de type casuistique, c'est-à-dire rédigées au conditionnel et montrant que l'origine de ce code vient des cas de droit rencontrés dans la vie de tous les jours. Le code de l'alliance est donc plus ancien que les dix commandements élohistes (Ex 20, 1-17), qui constituent la somme de la sagesse que le Peuple a tirée de son histoire et de ses contacts avec ses voisins depuis la sortie d'Égypte. Cependant, que l'on parle du décalogue ou du code d'alliance, l'intention des auteurs est la même : rappeler l'origine divine des lois juives mais surtout l'engagement que les anciens ont contracté envers Dieu, pour être bénis par lui. Les auteurs de la Bible avaient en tête des intentions qui ne cadrent pas avec les préoccupations des occidentaux, préoccupés de connaître les détails qui permettraient de refaire la scène du don de la Loi. Il faut en tenir compte pour bien comprendre le texte de l'alliance au Sinaï.

3. *Milieux de vie et messages des auteurs*

Le milieu de vie de l'auteur yahviste est, on le sait, celui de l'âge d'or de la royauté. En Ex 19, 10-15, 17-19a et 24, 1-2, 9-11, il rappelle à un peuple béni et pour qui tout semble bien aller, que seule la foi en Dieu et la pratique du culte peuvent garantir un avenir heureux. Il vit à une époque du développement religieux d'Israël où la pratique cultuelle est considérée comme magique : l'être humain agit et Dieu le récompense en conséquence de ses actes. Cette préoccupation cultuelle ressort clairement de la lecture d'Ex 34, 10-28 : l'alliance yahviste. Il n'y a rien là de commun avec le décalogue d'Ex 20, 1-17, sauf les prescriptions concernant la défense de se faire des images de Dieu et celle du sabbat.

Après la division entre le nord et le sud, entre 850 et 750 A.C., la tradition élohiste s'adresse à un peuple qui prend dangereusement ses distances vis-à-vis de la foi en Dieu et vis-à-vis de la justice sociale[15]. Elle présente un texte (Ex 19, 2b-3a, 9a, 16, 19b-20 et 24, 12-15a, 18b) dans lequel, comme son prédécesseur yahviste, elle rappelle que seule la foi en Dieu peut donner la prospérité à son pays. Cependant, la lecture du décalogue (Ex 20, 1-17) indique que la bénédiction est le résultat de la pratique du culte, couplée à un agir éthique décrit en

---

[15] Cf. 1 R 17-22 : le récit de quelques épisodes de la vie d'Élie nous présente un tableau de l'état de la foi en Dieu et de l'état des relations sociales au Royaume du Nord à l'époque élohiste.

Ex 20, 12-17. L'auteur élohiste ne considère pas la foi comme une solution miraculeuse à tous les problèmes de la vie car il appelle les siens à prendre conscience que leur conduite détermine en grande partie si Dieu va punir ou bénir. Le tableau qui suit résume la théologie de l'Ancien Testament en matière de rétribution. À cette époque, la religion juive ne croit pas encore qu'il y ait une survie possible, la récompense ou la punition doivent absolument se faire ici-bas.

LA THÉOLOGIE DE L'ANCIEN TESTAMENT

Dieu est un juge tout-puissant

**Il a donné sa Loi
pour que les êtres humains sachent
quoi faire pour être heureux**

Face à la Loi, deux conduites sont possibles :

Obéir à la Loi	Désobéir à la Loi
Conséquences : Obtenir une récompense : une longue vie heureuse des biens matériels une descendance une bonne réputation	Conséquences : Subir une punition : une mort en bas âge la pauvreté mourir sans descendance une mauvaise réputation

L'auteur sacerdotal et les auteurs inconnus ont visiblement une préoccupation bien différente. Le premier se sert de l'histoire de l'alliance (Ex 19, 1-2a; 24, 15b-18a) pour se faire donner, par Dieu lui-même, les dimensions du temple à rebâtir et la nomenclature du mobilier nécessaire au culte (Ex 25, 1 — 31, 18). Le Peuple n'étant pas riche en ce temps-là, les prêtres ont manifestement besoin de l'autorité de Dieu pour amener les gens à accepter de faire les investissements que le culte rend obligatoires. Les auteurs non identifiés rappellent la sortie d'Égypte pour réconforter les Juifs, qui ne sont pas du tout contents des difficiles conditions de vie au retour d'exil. Par exemple, Ex 19, 3b-8 insiste sur la nécessité de demeurer fidèles à Dieu qui les a déjà fait sortir de l'esclavage d'Égypte ainsi que de l'exil à Babylone, et qui pourrait encore accomplir de grandes choses pour eux.

4. *Actualisation et intégration*

L'étude des chapitres 19 et 24 du livre de l'Exode nous apprend que Dieu n'a pas écrit ou dicté le texte de ses commandements. La foi des Juifs ne leur a pas épargné de devoir scruter leur quotidien pour y déceler ce que Yahvé attendait d'eux. Ceci remet certains comportements en question lorsque, découragés de marcher au désert, nous crions à Dieu de nous indiquer clairement ce que nous devrions faire pour que les choses aillent mieux. L'exégèse du récit de l'Alliance rappelle que la volonté de Dieu se manifeste lorsque nous nous laissons interpeller par tout ce qui entrave la venue du Royaume, mais qu'elle ne s'impose pas de force ou par magie. En d'autres mots, c'est notre amour de Dieu et des autres, qui nous fera discerner, souvent dans la misère et les souffrances qui assaillent notre monde, ce que le Seigneur attend de chacun de nous. Dans ce contexte, les lois ne constituent pas des obligations mais des engagements nous permettant de sortir de nous-mêmes et de travailler à bâtir un monde nouveau.

Pour continuer votre réflexion

a) Sur les difficultés de la route...

— Si vous êtes toujours au désert, l'expérience du peuple juif vous aide-t-elle à garder l'espérance en des jours meilleurs? Y a-t-il autour de vous des signes ou des personnes qui, par leur témoignage, vous donnent le dynamisme nécessaire pour faire un pas de plus?

— Si vous avez franchi le désert, est-ce alors que tout allait bien ou dans la souffrance que vous avez senti le besoin de vous rapprocher de Dieu?

— Dans votre désert, avez-vous découvert un Dieu présent dans les difficultés, un Dieu qui vous guidait vers votre terre promise? Remémorez-vous les circonstances qui sont devenues pour vous des signes de réconfort que vous n'espériez même plus. Franchement, auriez-vous été capable de reconnaître votre bonheur si vous n'aviez pas dû franchir le désert avant d'y entrer? Est-ce réaliste de dire que le désert dure le temps qu'il nous faut pour apprendre à reconnaître et à nous laisser guider par l'amour de Dieu?

— Savoir à quoi correspond le désert dans la vie de foi, changera-t-il votre comportement avec les gens que vous rencontrerez dans vos engagements pastoraux?

b) Sur l'alliance et le décalogue...

— La parole de Dieu se découvre, aujourd'hui encore, dans les événements du quotidien. C'est là que Dieu nous interpelle et nous appelle à bâtir le Royaume. Quels sont les événements qui vous ont permis de découvrir lentement quelle était la mission que Dieu voulait vous confier?

— Sur quoi repose votre propre engagement chrétien, sur une norme édictée par votre communauté de foi ou sur une conviction profonde qui vous est venue de la parole de Dieu découverte au cœur de la vie de tous les jours?

— Selon vous, est-ce qu'une loi, même écrite par Dieu, peut réussir à déclencher une adhésion aussi profonde qu'un engagement pris à partir d'un appel reposant sur l'amour de Dieu et des autres?

— Quel engagement concret avez-vous pris pour répondre à l'appel qui vous a été fait?

— Aujourd'hui, où pouvons-nous dire que Dieu exprime ses commandements?

Bibliographie

Bauduin, A., «Les dix commandements dans la Bible et dans la catéchèse», *La Foi et le Temps*, n° 16, 1986, p. 205-223.

De Vaux, Rolland, «L'Alliance du Sinaï», dans *Histoire Ancienne d'Israël*, Lecoffre, Paris, 1971, pp. 410-421.

De Vaux, Rolland, «Les traditions sur le Sinaï», dans *Histoire ancienne d'Israël I*, Lecoffre, Paris, 1971, pp. 369 ss.

Duval, Raymond, «Les herméneutiques du silence», *Vie spirituelle*, n° 131, 1977, pp. 516-520.

Granger, Émile, «Un Dieu décevant pour mon désir», *Lumière et Vie*, n° 25, 1976, pp. 43-53.

Krinetzki, L., *L'Alliance de Dieu avec les Hommes*, Cerf, Paris, 1970, 141 p..

L'Hour, J., *La morale de l'Alliance*, Cahiers de la Revue Biblique, Gabalda, Paris, 1966, réimprimé aux Éditions du Cerf, Paris, 1985, 125 p.

Martin-Achard, R., «La signification de l'Alliance dans l'Ancien Testament», *Revue de théologie et de philosophie*, n° 18, 1968, pp. 88-102.

Schenker, Adrien, «L'origine de l'idée d'une Alliance entre Dieu et Israël dans l'Ancien Testament», *Revue Biblique*, n° 95, 1988, pp. 184-194.

Cinquième chapitre

L'ENTRÉE EN TERRE PROMISE

Le récit de la conquête de Jéricho (Jos 6, 1-25) met en lumière la gratuité du don de la terre promise. Les Juifs ont toujours interprété l'entrée en Canaan comme voulue et orchestrée par Yahvé lui-même. Ce texte constitue donc un très ancien témoignage visant à faire découvrir un Dieu plein d'amour et de miséricorde désirant voir les siens s'épanouir dans la paix que procure la confiance en lui.

Rappelons les événements de l'histoire sainte[1]

Après les quarante années de marche et de séjour au désert, le peuple juif arrive en face de Jéricho. Un rapide coup d'œil sur une carte géographique permet de saisir l'importance du site du point de vue stratégique. Jéricho est située dans un défilé qui contrôle l'entrée en Terre sainte de quiconque veut y pénétrer par le sud. Ce n'est pas pour rien que Josué, le chef des Juifs, enverra deux espions de Shittim (Jos 2, 1) pour se renseigner sur cette cité, la première à l'ouest du Jourdain, qui sert de poste de frontière depuis des siècles[2] et dont il redoute la puissance

---

[1] Pour en savoir davantage, reportez-vous à J.A., Soggin, *Josué*, Delachaux et Niestlé, 1970, 186 p.

[2] La ville de Jéricho s'élève à cet endroit depuis le VIIe-VIe A.C. L'archéologie nous apprend qu'à l'époque du moyen-bronze, une muraille imposante et des tours ceinturaient la cité. Celle-ci fut cependant détruite vers 1550 A.C., par les armées égyptiennes de Thoutmès III, trois siècles avant l'arrivée de Josué et des siens. Cf. *Dictionnaire Encyclopédique de la Bible*, Brepols et Iris Diffusion, Montréal, 1987, p. 656-659.

guerrière. Le texte de Jos 6, 1-25 décrit une conquête peu banale. La stratégie consiste à faire des processions avec l'arche d'alliance tout autour de la ville pendant sept jours. Après quoi, les Juifs poussent un grand cri, la muraille s'écroule comme par magie et ils n'ont qu'à monter à l'assaut d'une place forte sans défense (Jos 6, 3-5). Cette façon de décrire les faits renforce l'idée que Yahvé donne gratuitement la terre promise en permettant aux Juifs d'y pénétrer sans difficulté. L'étude de Jos 6, 1-25 montre que Dieu n'a pas fait périr des êtres humains pour favoriser le peuple élu.

Étude de Josué 6, 1-25

1. La critique des sources ou identification des auteurs du texte

Le chapitre 6 du livre de Josué est le résultat du développement d'une très vieille tradition de la conquête de Jéricho, plusieurs fois reprise pour livrer un message d'espérance à des époques différentes[3]. Des répétitions et des tensions de toutes sortes permettent de fonder cette hypothèse.

— Premièrement le texte commence par une déclaration très surprenante dans un contexte de conquête : «Vois! je livre entre tes mains Jéricho et son roi, gens d'élite» (Jos 6, 2). Comment Yahvé peut-il faire cette affirmation si, par la suite, il livre un plan d'attaque où il est question d'une participation active du peuple juif pour s'emparer de la ville (Jos 6, 3-5)?

---

[3] «À l'origine de ce récit, il y a une tradition du sanctuaire de Gilgal, qui expliquait la ruine des murs de Jéricho comme le résultat du premier acte de la guerre de Yahvé en Canaan, vv. 2,10-15-16.20-21 : l'arche est le signe de la présence de Yahvé qui est seul à agir. Ce récit, qui était un récit du type «guerre sainte de conquête», a été transformé en récit cultuel par une suite d'additions soulignant le rôle des prêtres. (...) Même sous sa forme primitive, le récit n'est pas historique en notre sens, mais cela n'exclut pas qu'il y ait eu réellement une prise de Jéricho». *La Bible de Jérusalem*, note «d», p. 255.

— En second lieu, Jos 2 et Jos 6, 1-2 décrivent une ville fortifiée à l'intérieur de laquelle se trouvent un roi et des soldats. D'autre part, Jos 6, 21 présente un village agricole peu ou pas défendu : «Ils dévouèrent à l'anathème tout ce qui se trouvait dans la ville, hommes et femmes, jeunes et vieux, jusqu'aux taureaux, aux moutons et aux ânes, les passant au fil de l'épée».

— De plus, Jos 6, 20-21 ne laisse pas de place au sauvetage de la famille de Rahab, qui a été promis en Jos 2, 11-21 et qui est raconté en Jos 6, 22-25. Il fallait donc ajouter les versets 17-19 du chapitre 6 pour lier ensemble deux traditions différentes : l'une parlant du clan de Rahab et l'autre de la prise de Jéricho. Ceci ressort clairement du plan qui suit :

Mise en situation : (vv. 1-2)
Entretien entre Yahvé et Josué : le plan d'attaque (vv. 3-5)
Exécution du plan d'attaque de Yahvé : vv. 6-16
Addition : la conduite à suivre envers le clan de Rahab (vv. 17-19)
Suite de l'exécution du plan d'attaque de Yahvé : (vv. 20-21)
Fin de l'attaque : sauvetage du clan de Rahab (vv. 22-25)

La description de l'armée juive (Jos 6, 8-9) indique que ce chapitre 6 ne veut pas faire une description des minutes de la prise de Jéricho, car le cœur de ces forces d'assaut est formé de sept prêtres portant des cornes de bélier et de l'arche de l'alliance de Yahvé. À cela il faut ajouter que cette armée liturgique fera le tour de la ville pendant sept jours et sept fois le septième jour (Jos 6, 4) avant de monter à l'attaque. Ce type de siège contrevient à toutes les coutumes militaires du temps, où c'est par surprise qu'on s'emparait des villes fortifiées[4].

Finalement l'ordre dans lequel se sont fait entendre le son de la trompe et le cri de guerre n'est pas clair. Jos 6, 5, 16, 20b affirment que le son de la trompe a précédé le cri, tandis que Jos 6, 20a soutient l'inverse.

---

[4] Pour découvrir une autre façon de prendre une ville forte à l'époque de Josué, voir la prise de Aï, en Josué chapitre 8.

La liste des tensions ponctuant le récit de la prise de la ville de Jéricho remet en question une lecture historique de Jos 6. La seule façon d'expliquer des contradictions entre certains détails est d'admettre que le texte n'a pas été écrit par une seule personne désirant décrire le fait historique. Sans aller jusqu'à séparer le travail des différents auteurs, il est possible d'émettre une hypothèse[5] qui reconstituerait l'histoire de la rédaction du texte. Une première tradition est née autour du sanctuaire de Gilgal, le premier érigé par Israël en Terre sainte[6]. Elle rapporte comment Dieu s'est lui-même engagé dans la prise de Jéricho, le peuple juif n'ayant qu'à pousser le cri de guerre et à s'emparer du site après que le mur se soit miraculeusement écroulé. Ce premier récit veut mettre l'accent sur la facilité avec laquelle les Israélites ont pris la terre promise. Plusieurs années plus tard, alors que les Juifs sont installés à Jérusalem et que la liturgie du Temple est devenue importante, on reprend le récit de la prise de Jéricho et on lui ajoute des détails tenant compte du nouveau milieu de vie du peuple où le culte est très important. Les prêtres portent les trompes et l'arche qui constitue le cœur de l'armée juive, et ils font le tour de la ville comme dans les processions liturgiques au Temple. Enfin, le texte est repris vers 622 A.C., à l'époque de l'école deutéronomique, alors que le roi Josias veut purifier la religion yahviste de toute trace de syncrétisme. On ajoute alors le verset 2, mentionnant la décision de Yahvé de livrer la ville aux mains de Josué et on harmonise la prise de Jéricho avec l'anathème de la guerre sainte au verset 21[7].

Il n'est pas facile de dire ce qui s'est réellement passé lors de la prise de la ville de Jéricho. Cependant, il semble qu'elle soit tombée facilement entre les mains des Juifs (les murs se sont

---

[5] Cf. *La Bible de Jérusalem*, note « d », p. 255.

[6] C'est ce qu'affirme Josué 4, 1-24.

[7] L'anathème consistait à passer au fil de l'épée et à brûler tout ce qui vivait, ainsi qu'à consacrer au trésor de Yahvé les objets précieux qu'on pouvait trouver. Le but de ceci était de préserver Israël de l'idolâtrie. En effet, les survivants d'une conquête auraient pu s'immiscer parmi les Juifs et corrompre leur foi en Dieu.

écroulés tout seuls) et qu'elle n'était pas fortifiée (le v. 21 décrit un petit village peu ou pas défendu). De plus, les fouilles archéologiques n'ont pas permis de retrouver les murs ayant encerclé le site à l'époque de Josué. Jos 6 repose donc sur des traditions racontant l'infiltration des Juifs en territoire peu peuplé au début de la reconquête, au retour du séjour en Égypte. Josué ne se serait pas emparé d'une ville forte défendue par un roi et son armée, mais d'un petit village agricole. Pourquoi avoir raconté l'entrée en terre promise comme s'il s'agissait d'une victoire étincelante si la réalité était tellement différente?

2. *Étude du genre littéraire pour refaire l'unité entre les diverses traditions*

Jos 6 rapporte la conquête de Jéricho sous la forme d'une étiologie de guerre sainte. Ce récit ressemble à un texte historique mais n'en est pas un, car il manque de rigueur. En effet, la critique des sources montre que beaucoup de détails se contredisent, ce qui ne saurait être le cas d'un texte qui aurait comme mission de rapporter le détail des événements entourant la prise de Jéricho. Jos 6 constitue un récit au service d'un message de foi bien plus important pour ses auteurs que ne le serait une simple description des événements tels qu'ils se sont déroulés.

Chacun d'eux poursuivait le même objectif : dire clairement, mais d'une façon appropriée pour le peuple juif à diverses époques, que Dieu lui a donné gratuitement la terre promise, que ce don important se continue dans la liturgie au Temple et finalement qu'il implique la fidélité de tous les Juifs. Ce message n'aurait pas été transmis si les auteurs s'étaient contentés de raconter les événements sans les interpréter. À nos yeux, ils ont exagéré ou raconté des choses fausses, mais n'ont pas voulu nous induire en erreur. Même si nous sommes friands des détails précis et exacts, les préoccupations des auteurs de Jos 6 sont différentes. Ils veulent faire grandir la foi en Dieu qui vaut aux Hébreux le bonheur de posséder une terre bien à eux sur laquelle ils peuvent vivre en paix. Que dire alors des détails qui constituent ce texte? Nous ne pouvons juger de leur importance que par rapport à l'objectif principal : promouvoir la foi en un Dieu sur qui le peuple juif peut compter.

3. Milieux de vie et messages

À une époque très ancienne, après que les Juifs se soient installés en Terre Sainte, une première tradition de la prise de Jéricho naît au sanctuaire de Gilgal. On y raconte la chute de la ville comme étant le résultat d'une implication militaire de Yahvé en faveur de son peuple. Le but de ce texte ancien est de faire naître la confiance en un Dieu fort, capable de procurer aux siens tout ce dont ils ont besoin pour être heureux. Pour ce faire, il le décrit comme un chef redoutable, dont les stratégies font tomber les villes les plus puissantes, un chef qui donne une terre sur laquelle il est possible de vivre.

Plus tard, alors que Jérusalem est devenue la capitale de Juda, le récit de la conquête de Jéricho est repris pour faire saisir à tous les Juifs que Yahvé continue de les bénir grâce au culte du Temple. C'est dans ce but que l'auteur va lier les actes guerriers de Dieu à la présence des prêtres qui portent les trompes devant l'arche (Jos 6, 8, 13) et l'arche elle-même (Jos 6, 12). L'intention première est de faire comprendre l'importance de la liturgie qui est faite au Temple de Jérusalem par les prêtres : c'est par elle que Yahvé continue d'être présent et de bénir tous les siens.

À l'époque de l'école deutéronomique, vers 622 A.C., alors que le roi Josias tente de réformer la foi yahviste, on reprend une troisième fois le texte de la conquête de Jéricho pour montrer à tout le Peuple l'importance de demeurer fidèle à Dieu, si l'on veut continuer d'être béni. Ceci se découvre en Jos 6, 2, où l'on rappelle que c'est Yahvé qui a décidé de livrer la ville aux Juifs, ainsi que dans l'anathème de Jos 6, 21. Ces deux retouches démontrent que la principale préoccupation de l'époque était de purifier la foi juive de tout ce qui la souillait.

4. Actualisation et intégration

Replaçons ces événements dans une vie de foi aujourd'hui...

Les différentes réinterprétations de Jos 6 nous invitent à faire de même pour aujourd'hui. Ce texte permet de revivre la joie de nos ancêtres dans la foi se rendant compte qu'ils n'avaient pas eu à conquérir Jéricho, mais que le Seigneur la leur avait donnée gratuitement. Avons-nous, nous aussi, vécu de pareils moments de joie? Avons-nous déjà ressenti que notre foi en Dieu nous permet de vivre une sécurité profonde qui nous rend capables de vaincre des difficultés surhumaines? Enfin, avons-nous déjà, dans un prière d'action de grâces, rendu le Seigneur responsable du bonheur que notre famille, notre travail ou nos relations d'amitié nous procurent? Si oui, nous pouvons croire que la conquête de la terre promise se poursuit toujours. La prise de Jéricho correspond à la découverte de ce qui permet de nous épanouir totalement. Cela peut être un milieu de vie, une profession, une famille, des amis ou un mélange de tout cela. Plusieurs ont sans doute déjà constaté, en réfléchissant à leur expérience de vie de foi, que le vrai bonheur ne peut s'acheter et qu'il a toujours son origine dans un engagement envers Dieu et les autres. C'est donc dire que la paix et la sérénité sont des cadeaux qu'il faut pourtant conquérir en participant activement à la construction du Royaume.

Le fait que la marche au désert précède la conquête de la terre promise nous fait discerner le visage d'un Dieu personnel qui veut notre bien. Il n'est pas contre le fait que nous vivions heureux et ne veut pas que nous restions soumis à des lois intouchables. Il nous veut libres, pour que nous nous attachions à lui par amour. Cependant, l'histoire sainte nous apprend que le désert fut le lieu où, à l'occasion de nombreuses expériences difficiles à vivre, le Peuple a appris à se laisser guider par Dieu et à lui faire confiance. C'est pour cela qu'après la conquête de Jéricho les Juifs interpréteront les difficultés de la vie, non pas comme des obstacles venant de Moïse ou de Yahvé, mais comme des résultats de leur manque de fidélité. Ce n'est qu'après avoir appris à faire confiance à Dieu qu'une personne découvre qu'il est le seul à donner gratuitement le bonheur.

Comment expliquer les difficultés de la vie?

Si Dieu n'est pas responsable des difficultés que nous rencontrons, cela ne veut pas dire qu'il ne peut pas s'en servir pour nous interpeller, car c'est à partir des événements quotidiens qu'il nous parle et nous invite à y voir, à y entendre et à y sentir des occasions de dépassement. N'avons-nous pas déjà entendu des personnes d'expérience nous raconter que la vie ne peut qu'engendrer des événements positifs qui conduisent vers un plus grand bien? Certes, les difficiles conditions de vie que nous connaissons peuvent nous poser des questions. Cependant elles ne devraient pas nous amener au découragement mais plutôt à un réajustement. Si nous avons vécu personnellement une traversée du désert et si nous avons conquis notre terre promise, nous savons que les difficultés nous révèlent des appels de Dieu qui accompagne et invite à transformer le monde. La prise de Jéricho signifie symboliquement la chute des limites personnelles, la fin de l'influence des entraves qui empêchent que nous entrions en possession de notre propre bonheur pour en faire, par la suite, profiter tous les autres.

Pour continuer votre réflexion

— Par quel(s) signe(s) Dieu vous a-t-il indiqué ce que vous deviez faire pour conquérir votre terre promise? En y repensant après coup, alors que vous êtes bien installés dans votre terre promise, ne pouvez-vous pas dire qu'au départ vous vous êtes crus en face de difficultés insurmontables, des murs de Jéricho?

— Si vous n'avez pas encore mis le pied en terre promise, à quelles difficultés vous heurtez-vous présentement? Vous est-il possible d'y déceler un appel du Seigneur qui vous convie à changer votre façon de vivre? Que se passerait-il si vous preniez la chance de faire confiance au Seigneur?

— Après avoir fait une lecture symbolique de Jos 6, vous est-il possible de faire des liens entre votre propre histoire et celle du peuple juif? Êtes-vous de ceux ou celles qui disent qu'il faut gagner son ciel? D'après vous, qu'en dit l'auteur du texte de la prise de Jéricho?

Bibliographie

Boisvert, Léandre, «La conquête», dans *Bible et cheminement de foi*, Éditions Paulines, Montréal, 1981, pp. 37-43.

Briend, J., «Parler humainement de Dieu», *Lumière et vie*, n° 25, 1976, pp. 7-20.

Feuillet, B., «L'acceptation», *La Vie spirituelle*, n° 612-617, 1976, pp. 404-412.

Lang, B., «Les confessions de foi dans l'Ancien et le Nouveau Testament», *Concilium*, n° 138, 1978, pp. 13-22.

Langlamet, F., «Josué, II et les traditions de l'Hexateuque», *Revue Biblique*, n° 78, 1971, p. 5-17; 161-183 et surtout 321-354.

Manaranche, A., «La cause de Dieu», *Nouvelle revue théologique*, n° 101, 1979, pp. 321-337.

Soggin, J.A., *Josué*, Delachaux et Niestlé, 1970, 186 p.

Soggin, J.A., «Jéricho, anatomie d'une conquête», *Revue d'histoire et de philosophie religieuses*, n° 57, 1977, p. 1-17.

De la période des Juges à la royauté

La Bible nous dit qu'à la mort de Josué des Juges vont être donnés à Israël. Ce seront des hommes et une femme (Débora), suscités par l'Esprit de Yahvé qui, grâce à leurs charismes, unifieront le pays et éviteront ainsi qu'il ne tombe aux mains des nations ennemies. Dans l'histoire sainte, telle que la raconte le livre des Juges, un même refrain revient sans cesse : c'est toujours à la dernière minute qu'ils réussissent à unifier les Juifs pour leur permettre de repousser les armées étrangères.

«[11] Alors les enfants d'Israël firent ce qui est mal aux yeux de Yahvé et ils servirent les Baals. [12] Ils délaissèrent Yahvé, le Dieu de leurs pères, qui les avait fait sortir du pays d'Égypte, et ils suivirent d'autres dieux parmi ceux des peuples d'alentour. Ils se prosternèrent devant eux, ils irritèrent Yahvé, [13] ils délaissèrent Yahvé pour servir le Baal et les Astartés. [14] Alors la colère de Yahvé s'enflamma contre Israël. Il les abandonna à des pillards qui les dépouillèrent, il les livra aux ennemis qui les entouraient et ils ne purent plus tenir devant leurs ennemis. [15] Dans toutes leurs expéditions la main de Yahvé intervenait contre eux pour leur faire du mal, comme Yahvé le leur avait dit et comme Yahvé le leur avait juré. Leur détresse était extrême. [16] Alors Yahvé leur suscita des Juges qui les sauvèrent de la main de ceux qui les pillaient. [17] Mais même leurs juges, ils ne les écoutaient pas, ils se prostituèrent à d'autres dieux, et ils se prosternèrent devant eux. Bien vite ils se sont détournés du chemin qu'avaient suivi leurs pères, dociles aux commandements de Yahvé; ils ne les ont point imités. [18] Lorsque Yahvé leur suscitait des juges, Yahvé était avec le juge et il les sauvait de la main de leurs ennemis tant que vivait le juge, car Yahvé se laissait émouvoir par leurs gémissements devant leurs persécuteurs et leurs oppresseurs. [19] Mais le juge mort, ils recommençaient à se pervertir encore plus que leurs pères. Ils suivaient d'autres dieux, les servaient et se prosternaient devant eux, ne renonçant en rien aux pratiques et à la conduite endurcie de leurs pères» (Jg 2, 11-19).

Nous pourrions résumer ainsi le cercle sans fin dans lequel s'était enfermé le peuple juif : il commettait une faute, Dieu le punissait par une détresse extrême et pardonnait en lui envoyant un autre Juge pour le sauver du malheur. Ensuite le cycle recommençait de plus belle. C'est dans ce climat que va naître la royauté, qui constitue le sujet de notre prochain chapitre.

Quelle leçon pouvons-nous tirer de la période des Juges?

Bien que la théologie du livre des Juges soit celle du Dieu-punisseur de l'Ancien Testament, elle porte une leçon importante pour aujourd'hui. Le chapitre 2, 11-19 du livre des Juges nous apprend que chaque génération doit faire la rencontre de Dieu à partir d'une situation difficile pour lui être fidèle. Ceci veut dire que la foi des parents ne se transmet pas sans que les enfants en découvrent la valeur dans leur expérience de vie. Les parents peuvent donner l'exemple, mais ils ne doivent pas croire qu'ils pourront obliger les jeunes à croire. Ne dit-on pas que l'amour ne se commande pas!... Ainsi l'éducation religieuse la plus efficace ne sera pas la plus doctrinale ou la plus autoritaire, mais celle qui aidera le jeune à personnaliser sa foi en décelant les signes de la présence de Dieu dans sa vie.

Sixième chapitre

LA ROYAUTÉ

Israël prend la décision d'abandonner ses Juges pour aller vers la royauté. Les circonstances de ce changement permettent de mieux cerner les objectifs poursuivis et les divisions que ces bouleversements politiques ont entraînées parmi les Juifs. Le témoignage de foi, porté par la naissance de la royauté, révèle que Dieu n'est pas contre le fait que son Peuple prenne sa terre en main pour en profiter au maximum. Il veut que les personnes qui s'attachent à lui le fassent pour s'épanouir; il ne veut pas les garder prisonnières d'une foi qui les empêcherait de prendre leurs responsabilités.

Rappelons les événements de l'histoire sainte[1]...

Il ne faudrait pas rester sur l'impression que la conquête du territoire fut une chose facile à faire. La prise de Jéricho constitue une relecture de foi faite après l'installation en Israël, alors que tout va bien pour les Juifs. Dans une telle situation, il est facile de dire que Dieu a donné la terre promise et que le peuple n'a rien eu à faire. Le peuple juif a dû relever beaucoup de défis et mener de nombreux combats pour se réinstaller en terre sainte. Le premier fut de passer du nomadisme à la sédentarisation. «Ces nomades, habitués à une vie simple sous la tente avec leurs troupeaux, doivent s'initier au maniement des armes pour conquérir et défendre ce territoire. Ils doivent fortifier les villes

---

[1] O. Gibert, *La Bible à la naissance de l'histoire. Au temps de Saül, David et Salomon*, Fayard, Paris, 1979, 446 pp.

conquises et s'initier à la culture du sol pour se nourrir[2].» Le changement de vie du Peuple n'entraîne pas un changement de son organisation politique, chaque tribu demeure indépendante. Elles ne forment pas un peuple uni. C'est toujours in extremis qu'un chef charismatique, le Juge, réussit à sauver la nation des périls que lui font vivre ses ennemis. Le livre des Juges nous raconte comment les Juifs furent asservis à Kushân-Risheatayim, roi d'Édom pendant huit ans (Jg 3, 8), à Églon, roi de Moab pendant dix-huit ans (Jg 3, 12, 14), à Yabîn, roi de Canaan à Haçor pendant vingt ans (Jg 4, 2-3). Ils sont livrés aux mains des Madianites (Jg 6, 3), des Ammonites et des Philistins (Jg 10, 7 — 13, 1). Devant une telle insécurité, il fallait changer de forme de gouvernement pour que le Peuple soit plus puissant et puisse se défendre contre ses voisins.

«Une première tentative de changement apparaît après la victoire de Gédéon contre Zébah et Calmunna» (Jg 8, 10-12). Les gens d'Israël disent à Gédéon: «Règne sur nous, toi, ton fils et ton petit-fils, puisque tu nous as sauvés de la main de Madiân». Mais Gédéon leur répondit: «Ce n'est pas moi qui régnerai sur vous, ni mon fils non plus, car c'est Yahvé qui régnera sur vous» (Jg 8, 22-23)[3]. Il semble donc que le moment n'était pas venu pour Israël de vivre sous la royauté, car Gédéon la refuse en disant que Dieu seul doit régner sur son Peuple qui ne peut pas être entre meilleures mains. Les événements lui donneront raison, car la seconde tentative d'instauration de la royauté a mal tourné. «Abimélek, fils de Yerubbaal, demande aux notables de Sichem s'il vaut mieux avoir soixante-dix personnes pour maîtres ou un seul... Les notables se réunissent et proclament Abimélek comme roi (Jg 9, 1-6). Il régna trois ans et se livra à la destruction de Sichem, de Migdal-Sichem (Jg 9, 42-49). Finalement il fut tué lors du siège de la tour de Tébec (Jg 9, 50-57). Ce n'est certes pas un gouvernement comme celui-là dont on rêvait.»

Les chapitres 8 à 12 du premier livre de Samuel (1 S 8-12) présentent la question de la royauté tout autrement. «Devenu

---

[2] Léandre Boisvert, *Bible et cheminement de foi,* Éditions Paulines, Montréal, 1981, p. 45.

[3] *Ibidem.,* p. 46.

vieux, Samuel établit ses fils comme juges en Israël, mais ceux-ci ne suivent pas son exemple. Alors les anciens d'Israël disent à Samuel: «Tu es devenu vieux et tes fils ne suivent pas ton exemple. Eh bien! établis-nous un roi pour qu'il nous juge, comme toutes les nations» (1 S 8, 5). Les anciens précisent cette fonction un peu plus loin: «Notre roi nous jugera, il sortira à notre tête et combattra nos combats» (1 S 8, 20)[4]. Cette tentative sera la bonne, Saül sera choisi comme roi. Que dit 1 S 8-12 des intentions des royalistes? Que veulent-ils vraiment? Quel accueil sera fait à ce changement d'institution politique?

Étude de 1 Samuel 8-12: l'institution de la royauté

1. La critique des sources ou l'identification des auteurs du texte

Ce texte a été écrit après les événements dont il veut faire saisir le sens profond. Il ne faut donc pas se surprendre si cette longue section du premier livre de Samuel n'est pas constituée d'une seule couche rédactionnelle, car plusieurs auteurs se sont inspirés des faits entourant le début de la royauté. 1 S 8-12 est le résultat de la fusion de trois traditions racontant différemment l'institution de la royauté: 1 S 9, 1 — 10, 16 où Saül, courant après les ânesses de son père, est sacré roi en secret par Samuel, 1 S 10, 17-27 où Saül est choisi au sort et finalement 1 S 11 où Saül est proclamé monarque par le peuple, après avoir remporté une victoire éclatante contre les Ammonites. Une lecture attentive révèle des divergences importantes dans leur façon de rapporter les faits[5].

— Le chapitre 8 constitue un récit peu favorable à l'établissement d'une royauté qui ne reconnaîtrait pas les prérogatives de Yahvé. Il relate bien le contexte dans lequel s'est déroulé le passage des Juges à la royauté. Ce chambardement politique ne s'est pas fait dans l'unanimité.

---

[4] *Ibidem.*, p. 46.

[5] Cette hypothèse de critique des sources est rapportée dans *La Bible de Jérusalem*, notes «b» et «h» de la p. 320, note «l» de la p. 322, notes «e» et «l» de la p. 323, note «a» de la p. 324.

Les opposants y voient un refus de Dieu, alors que ceux qui sont en faveur n'y recherchent qu'un moyen de se donner un pays dans lequel il y aurait plus de justice, plus de paix et plus d'unité. Cette tradition est originaire du sanctuaire de Rama.

— 1 S 9-11 est constitué de trois traditions racontant le choix de Saül[6] :

a) 1 S 9, 1 — 10, 16 est un texte sans lien avec 1 S 8, bien qu'il soit lui aussi originaire du sanctuaire de Rama. Il est centré sur Saül. Samuel n'est pas un Juge, mais un prophète qui semble rencontrer par hasard le futur roi alors qu'il court après les ânesses de son père. La royauté est voulue par Dieu qui élit lui-même le premier roi. Tout se passe en secret et le peuple est absent de tout le processus d'élection.

b) 1 S 10, 17-27 : Ce récit porte sur le même sujet mais le traite très différemment. C'est lors d'un tirage au sort que le choix de Dieu s'arrête sur Saül. Le peuple est présent et il acclame le nouveau roi lorsqu'on réussit à le trouver, avec l'aide de Yahvé, car il s'était caché parmi les bagages. Samuel n'y est pas présenté comme un prophète, mais comme le responsable du peuple, même s'il s'exprime comme un prophète. Ce texte est originaire du sanctuaire de Miçpa.

c) 1 S 11 : Cette autre tradition sur le choix de Saül est racontée d'une façon bien différente des deux précédentes. L'élection du souverain semble être un choix humain fait par un Peuple impressionné par une grande victoire remportée par Saül contre les Ammonites. Ce sont ses qualités de leader et de chef militaire (v. 5-11) qui font de lui un roi que tous reconnaissent sans rébellion. Ce qui n'est pas le cas en 1 S 10, 27 où des vauriens l'ont méprisé et ne lui ont pas offert de présent. Rien n'est dit d'une onction qu'il aurait reçue précédemment, ni d'un

---

[6] Nous ne tenterons pas de retracer le travail de toutes les personnes qui ont travaillé à ces rédactions. Nous relèverons seulement les différences les séparant pour remettre en question une lecture historique.

choix fait au hasard suivi par une acclamation du peuple. De plus, il n'est pas question de Samuel, sauf aux vv. 12-14, qui ne font pas partie originellement de cette section du texte[7]. Ces versets sont l'œuvre d'un rédacteur qui cherche à unir 1 S 10, 17-27, où Saül avait été intronisé à Miçpa mais pas reconnu par tous, et 1 S 11 : une histoire originaire du sanctuaire de Gilgal.

— 1 S 12 : Ce chapitre est de composition deutéronomiste et, comme le chapitre 8, montre que le Peuple n'est pas très intéressé à changer d'institution politique. Il forme une conclusion à tout 1 S 8-12 où son auteur, vers 622 A.C., se sert de sa longue expérience de la royauté pour affirmer que, si le roi suit la volonté de Dieu, tout ira bien, mais dans le cas contraire le pire est à craindre. Lorsqu'on écrit le chapitre 12, on ne veut en aucune façon parler en mal d'un roi, Josias, qui défend le yahvisme contre les autres religions[8].

Nous ne pouvons plus lire le texte comme avant...

Une lecture critique met vite de l'avant une foule de divergences à l'intérieur de 1 S 8-12. Face à la diversité des récits concernant le choix de Saül, il est impossible de choisir une tradition aux dépens d'une autre. Il est préférable d'accepter le texte dans son ensemble sans le briser, sachant que l'ensemble de tous ses détails portent un seul message inspiré par l'Esprit de Dieu à chacun des auteurs. À chaque époque de l'histoire d'Israël, il s'est trouvé quelqu'un pour redire les merveilles de Dieu d'une façon compréhensible pour son temps et adaptée à la situation.

Il est bien difficile de dire ce qui est réellement arrivé, car ce n'était pas l'intention des auteurs de 1 S 8-12. Le récit de l'institution de la royauté se base sûrement sur une victoire éclatante que Saül a remportée contre les Ammonites. Les gens du pays, ayant pu constater ses qualités de rassembleur par la

---

[7] Cf. note « k » de *La Bible de Jérusalem*, p. 323.
[8] Cf. l'annexe II à la fin du volume.

façon dont il avait unifié le Peuple (1 S 11, 5-10), ainsi que ses aptitudes de chef militaire par le caractère décisif de la victoire sur les ennemis, l'ont élu roi d'une façon unanime (1 S 11, 15). Ce résumé des faits laisse peu de place à Dieu, surtout à l'œuvre en 1 S 9, 1 — 10, 16, mais il a l'avantage d'éliminer les contradictions des différentes traditions.

On constate qu'Israël a changé d'institution politique parce que le pays était toujours menacé d'invasion, n'ayant pas de chef permanent capable de mener une armée prête à répondre immédiatement aux agressions étrangères (1 S 8, 20). De plus, d'autres raisons justifiaient un tel changement politique : l'injustice généralisée, due au fait que les Juges se laissaient corrompre (1 S 8, 3-5) et le désir profond d'être comme les autres peuples des environs, qu'on croyait mieux gouvernés (1 S 8, 5b, 20b). La longue liste d'arguments contre la royauté (1 S 8, 10-18) indique cependant qu'il y eut un point de vue contraire fortement défendu. Israël est un peuple comme tant d'autres, formé de personnes ayant des idées différentes, mais désirant toutes le bien commun. En effet, ceux qui étaient en faveur du changement voulaient un pays plus fort et ceux qui étaient contre ne voulaient pas perdre la bénédiction de Yahvé qui est, selon leurs dires, le seul roi capable de les protéger. Quelle était l'intention des auteurs du texte à l'étude? Quel message de foi réunifierait des traditions aussi différentes que celles qui constituent les chapitres 8-12 et que voulait dire son rédacteur final?

2. *Étude du genre littéraire pour faire l'unité entre les diverses traditions*

Le récit de l'institution de la royauté est lui aussi une étiologie. Un plan rapide aide à visualiser le message qu'on a voulu faire passer : Dieu est en faveur d'une prise en main de la terre promise par le Peuple, à condition de lui demeurer fidèle. En caractère gras, on trouve la version plus laïque des faits où Saül est élu à cause de sa victoire contre les Ammonites, dans un contexte où Israël veut se donner un pays plus fort.

Introduction:
Le peuple demande un roi: 1 S 8, 1-9
Les avantages et inconvénients de la royauté: 1 S 8, 10-22

Développement:
Première version: Samuel sacre Saül comme roi selon le vœu
de Yahvé
Introduction: Saül et les ânesses de son père: 1 S 9, 1-10
Saül rencontre Samuel le prophète de Yahvé: 1 S 9, 11-26a
Le sacre secret de Saül par Samuel: 1 S 9, 26b — 10, 8
Conclusion: le retour de Saül parmi les siens: 1 S 10, 9-16

Seconde version: Saül est désigné roi par le sort suivant la
volonté de Yahvé
Introduction: Samuel rassemble le peuple pour choisir un
roi: 1 S 9, 17-19
Saül est désigné par le sort, mais il se cache: 1 S 9, 20-21
Yahvé désigne la cachette de Saül qui est présenté au
peuple: 1 S 9, 22-24
Conclusion: le droit du roi et la réaction de vauriens:
1 S 9, 25-27

Troisième version: Saül remporte une victoire contre les Ammo-
nites et est choisi roi
Introduction: l'attaque des Ammonites: 1 S 11, 1-4
L'appel à l'unité lancé par Saül à tout Israël: 1 S 11, 5-10
La défaite des Ammonites: 1 S 11, 11
(Les versets 12-14: un ajout pour relier 1 S 9, 17-27 et
1 S 11)
Conclusion: Saül est proclamé roi: 1 S 11, 15

Conclusion:
Samuel se retire devant Saül après avoir fait ses recommandations:
1 S 12.

Il y a deux façons différentes de concevoir le choix de Saül:
une première où Dieu répond lui-même aux désirs de changement des siens en leur choisissant un roi avant qu'ils ne le
fassent eux-mêmes (1 S 9, 1 — 10, 16 et 1 S 9, 17-27), et une autre
où le Peuple se choisit un roi pour être semblable à ses voisins à
qui tout semble mieux réussir (1 S 8 et 11). Le rédacteur final a
fait en sorte que la version où Yahvé donne un roi à son Peuple
arrive avant celle où celui-ci se choisit lui-même un roi. L'inten-

tion de l'ensemble de 1 S 8-12 est visiblement d'affirmer fortement que Dieu n'était pas opposé à la royauté, car c'est d'abord lui qui a trouvé et fait oindre Saül comme roi en premier. Le message est clair : Yahvé n'est pas opposé au désir des Juifs de s'organiser de façon à profiter au maximum de la terre promise. Comment cela sera-t-il véhiculé par les différents auteurs?

3. Messages et milieux de vie

À l'époque des rédactions faites dans les différents sanctuaires (1 S 9, 1 — 10, 16 et 1 S 9, 17-27), le problème ne se pose pas, car chacune de ces deux versions laisse un rôle central à Yahvé. C'est lui qui choisit le nouveau roi, soit lors d'un sacre secret fait par le prophète Samuel, soit lors d'un tirage au sort après lequel il dut aussi révéler où se cachait Saül. Le chapitre 11, pour sa part, rapporte une version des événements dans laquelle Dieu joue un rôle secondaire, et qui serait plus près de la réalité historique. On sent que le but des ces diverses traditions est d'affirmer le pouvoir de la royauté en affirmant que le premier roi a été donné par Dieu lui-même.

À l'époque de la rédaction du chapitre 12, l'école deutéronomiste, promulguée en 622 A.C., porte un jugement sur les fruits de la royauté depuis le début. L'auteur ne veut pas dénigrer Josias, le roi en place, mais démontrer que toute l'histoire des rois suit la théologie de la rétribution de l'Ancien Testament : quand on obéit à Dieu, on est récompensé, et quand on lui désobéit, on est puni. Ainsi, toutes les fois que le Peuple sera béni, on dira que c'est parce que les souverains ont régné en laissant la première place à Yahvé. Les belles réalisations de Josias seront le résultat de sa politique visant à purifier la foi yahviste et à faire ainsi l'unité du pays.

À l'époque du rédacteur final, lors de l'exil à Babylone, des hommes pénétrés des idées du Deutéronome relisent l'histoire du peuple juif pour en tirer des leçons de foi[9]. Ils structurent le texte comme nous le connaissons aujourd'hui pour insister sur le fait que c'est Dieu qui est le plus puissant. Leur travail vise à

---

[9] Cf. *La Bible de Jérusalem*, p. 244.

redonner de l'espoir aux exilés : même si les rois ont été destitués, Yahvé peut sauver lui-même de l'exil s'il le désire. Il importe de lui rester fidèle pour que le cauchemar prenne fin et que tous retournent en Terre Sainte.

Nous sommes bien différents des Juifs...

Ce texte révèle la différence culturelle énorme qui nous sépare du peuple de la Bible. L'intention première des auteurs était d'apporter une réflexion de foi sur des événements importants de l'histoire du salut. Si le rédacteur final des chapitres 8-12 n'a même pas pris la peine de séparer les différentes versions du choix de Saül, c'est sans doute parce que, dans son texte, les détails ne sont pas importants. Lisons donc le texte de façon à respecter ses origines et à redécouvrir ainsi le message qu'il véhicule : Dieu n'est pas contre le fait que le Peuple prenne sa terre promise en main, mais il doit lui laisser la première place dans les choix qu'il fait.

5. *Actualisation et intégration*

Replaçons ces événements dans une vie de foi aujourd'hui...

Comme Israël, n'avons-nous pas, dans notre vie de foi, été longtemps dépendants des conseils de personnes en qui nous avions confiance et qui étaient pour nous les représentants de Dieu ? Nos «Juges», nos guides, ont sans doute été nombreux et très compétents. Cependant, un jour, nous avons senti le besoin de prendre plus de liberté et de nous faire davantage confiance. Aujourd'hui, 1 S 8-12 affirme que Dieu n'est pas contre le fait que nous prenions notre vie en main, que nous prenions nos responsabilités pour nous épanouir le plus possible dans la joie et la paix. Il demande cependant de lui laisser la première place dans les choix que nous faisons. Il n'est pas imaginable en effet que les croyants se passent de la présence du Seigneur, car ils ne pourraient que bâtir un monde à la mesure de leurs limites humaines. Ce n'est qu'après avoir vécu longtemps sous les Juges qu'Israël a décidé de changer de régime politique. Ce choix n'a pu se faire que lorsque le Peuple eut atteint la maturité nécessaire pour le faire. Nous inspirant de ce qui est arrivé, il en est de même pour nous aussi. Nous devons d'abord commencer par avoir des guides spirituels pour faire nos premiers pas, ensuite nous pouvons envisager de nous envoler seuls. Il est normal pour des croyants et des croyantes de prendre leur vie en main, car ils sont les mieux placés pour faire les choix qui leur conviennent. Cependant, nous devons nous rappeler que tout ceci doit se faire en tenant compte de notre relation à la personne de Dieu et dans le cadre d'une vie ecclésiale.

Il se peut aussi que la foi conduise à accueillir des idées nouvelles, comme ce fut le cas au début de la royauté en Israël. Ce message est d'actualité aujourd'hui, alors que l'Église se cherche une nouvelle manière d'être signifiante dans un milieu humain où la présence des prêtres se fait plus rare. Le sacre de Saül nous apprend qu'une institution, si bonne soit-elle, ne peut épuiser l'imagination de l'Esprit quand il s'agit de se manifester au monde. Il est sûr que Dieu travaille déjà à renouveler sa façon d'être présent à l'humanité dans une nouvelle forme d'Église que nous n'avons pas encore imaginée, mais qui est en train de naître; une Église où la présence des laïcs, femmes et hommes, sera peut-être plus grande et plus importante.

Enfin, 1 S 8-12 nous invite à être ouverts à tous les systèmes politiques du monde (capitalisme, socialisme, communisme ou autre); nous devons nous garder d'en condamner un ou plusieurs au nom de notre foi. Toutes ces façons d'organiser la vie sociale peuvent être bonnes, dans la mesure où les dirigeants respectent les droits humains et acceptent qu'une personne puisse laisser la première place à Dieu dans sa vie.

En conclusion, si des personnes, inspirées par Dieu, ont pu écrire que celui-ci n'était pas opposé à ce que les Juifs s'épanouissent dans un genre de vie correspondant à leurs aptitudes et répondant à leurs besoins, devrions-nous exiger que tous les croyants et toutes les croyantes vivent et prient de la même manière? La personnalisation de la foi et l'adaptation de nos pratiques religieuses à la vie d'aujourd'hui sont les meilleures garanties pour ne pas avoir à repasser toujours par les difficultés de la conquête: péché, punition, pardon. Elles constituent aussi les meilleures garanties pour éviter que les fidèles ne quittent de plus en plus l'Église. Par l'expression «personnaliser la foi», nous entendons adopter une conduite inspirée par l'amour de Dieu et reconnue comme telle par une majorité de personnes faisant partie de notre communauté de foi. Il est impossible de vivre le christianisme sans les autres, car il serait alors trop facile d'entendre l'Esprit dire ce que nous souhaiterions!

Pour continuer votre réflexion

Comment Dieu a-t-il fait de vous des rois et des reines? Si nous acceptons la nouvelle lecture du texte de 1 S 8-12, il pourra nous dévoiler la façon dont le Seigneur s'y est pris pour faire de nous les rois et les reines de notre expérience de vie. Nous serons alors en mesure de dire que Dieu agit encore de nos jours, qu'il montre qu'il nous veut responsables, c'est-à-dire capables de prendre des décisions, éclairés par lui, pour notre plus grand épanouissement.

— Dans quelles circonstances avez-vous découvert que Dieu voulait que vous deveniez libres et capables de prendre vos décisions pour mieux cheminer humainement et spirituellement?

— Quelle image de Dieu avez-vous découverte à ce moment-là? Que répondriez-vous à Marx qui disait que la religion était l'opium du peuple?

— Après avoir fait la lecture de six chapitres de ce volume, quels liens pouvez-vous faire entre votre démarche de foi et celle du peuple juif?

Bibliographie

Chouraqui, André, L'univers de la Bible III, «1 Samuel», pp. 187-292 et «2 Samuel», pp. 293-378.

Eslinger, L., «Viewpoints and Points of View in 1 Samuel 8-12», Journal for the Study of the Old Testament, n° 26, 1983, pp. 61-76.

Gibert, P., «Les livres de Samuel et des Rois», Cahier Évangile, n° 44, Cerf, Paris, 1983.

McCarthy, D.J., «The Inauguration of Monarchy in Israël. A Form-Critical Study of 1 Samuel 8-12», *Interpretation*, n° 27, 1973, pp. 401-412.

Podeur, Lucien, *Image moderne du monde et foi chrétienne*, Le Centurion, 1976.

Vénin, A., *Samuel et l'instauration de la monarchie (1 S 8-12)*, Verlag Peter Lang, 1988, 489 p.

Vogels, W., «Les prophètes et la division du royaume», *Sciences religieuses*, n° 8, 1979, pp. 15-26.

Willaine, Jean Paul, «Confessions de foi et logiques sociales», *Lumière et Vie*, n° 28, 1979, pp. 23-40.

Septième chapitre

LE PROPHÉTISME

«Tout était trop beau, cela ne pouvait pas durer!» Cette petite phrase s'applique au cas de la royauté juive. Israël s'était donné des rois pour qu'ils le guident plus sûrement vers Dieu et que les affaires du pays soient mieux administrées sous leur gouverne. L'intention était louable et aurait pu donner des résultats intéressants, car cette institution corrigeait une faiblesse grave de la période des Juges: le manque de stabilité politique. Cependant, l'histoire enseigne que les rois n'ont pas été les guides spirituels tant attendus, ni les chefs capables d'instaurer la justice sociale dont le peuple rêvait. Le cas de la vigne de Nabot (1 R 21) en constitue un parfait exemple: au Royaume du nord, à l'époque du roi Achab, un pauvre homme, qui n'avait qu'une vigne et qui refusait de la céder au roi, sera pris dans un complot organisé par Jézabel, la femme d'Achab. On le tuera et sa vigne tombera aux mains du roi. La conscience sociale était tombée bien bas en Israël. Devant cet état de fait, des hommes de foi, les prophètes, vont se lever pour faire entendre la voix de Dieu à des gens qui ne respectent plus le grand commandement de l'amour.

Rappelons les événements de l'histoire sainte[1]...

Avant d'entreprendre l'étude des textes prophétiques, il est essentiel de bien connaître dans quelles circonstances ces interventions étaient nécessaires. C'est à la mort de Salomon que les

---

[1] L. Monloubou, *Prophète, qui es-tu?*, Cerf, Paris, 1968, 254 p.

choses ont commencé à mal aller, si on en croit le Premier Livre des Rois aux chapitres 11 et 12. Ses extravagances avaient endetté le pays et son fils Roboam n'a pas réussi à imposer son autorité sur Israël. Il s'ensuivit un schisme entre le nord et le sud (1 R 12). Cette division et les guerres qui l'ont marquée ont considérablement affaibli l'état juif, comme nous pouvons le lire en 1 R 14-16. Israël devient alors une proie de choix pour les grands Empires. Les Assyriens en profiteront pour s'emparer du Royaume du nord vers 721 A.C. (2 R 16-17), à la faveur de la guerre syro-éphraïmite qui oppose Israël et son allié Aram aux forces de Juda. Alors que les deux premiers assiègent Jérusalem pour l'obliger à entrer dans une coalition contre l'Assyrie, Achaz (roi de Juda) décide de demander son aide pour sortir son pays de ce mauvais pas.

C'est dans ce climat de luttes fratricides que les prophètes interpréteront les malheurs qui frappent le Peuple comme des malédictions envoyées par Yahvé pour le punir de ses fautes. Le prophète Amos, qui avait été précédé d'Élie et d'Élisée (1 R 17 — 2 R 6), critique lui aussi très sévèrement la façon de vivre des habitants du Royaume du nord. Il veut leur faire saisir que l'on ne peut justifier des riches d'appauvrir les plus faibles. Il tente de faire entendre un message nouveau à ce peuple rebelle : on ne peut faire passer l'observance de la Loi avant la règle de l'amour du prochain. Se basant sur la théologie de l'Ancien Testament, qui affirmait que Dieu récompense les justes par une longue vie heureuse, une belle descendance et surtout la richesse, les exploiteurs en étaient venus à croire que le Seigneur approuvait leur conduite en affaires. Amos ne se gêne pas pour leur faire entendre un autre son de cloche :

« Ils haïssent quiconque réprimande à la Porte,
ils abhorrent celui qui parle avec intégrité.
Eh bien! puisque vous piétinez le faible
et que vous prélevez sur lui un tribut de froment,
ces maisons en pierres de taille que vous avez bâties,
vous n'y habiterez pas;
ces vignes délicieuses que vous avez plantées,
vous n'en boirez pas le vin.
Car je sais combien nombreux sont vos crimes,
énormes vos péchés,

oppresseurs du juste, extorqueurs de rançons,
vous qui, à la Porte, déboutez les pauvres.
Voilà pourquoi l'homme avisé se tait en ce temps-ci,
car c'est un temps de malheur.»

Amos 5, 10-13

Dans ces quelques versets, Amos déclare que l'exploitation des frères plus pauvres ne peut être justifiée d'aucune façon, car cela va à l'encontre de la volonté de Dieu. Il condamne aussi leur culte que Dieu n'agrée pas. Ils doivent se convertir car leur liturgie n'est d'aucune utilité.

«Je hais, je méprise vos fêtes
et je ne puis sentir vos réunions solennelles.
Quand vous m'offrez des holocaustes...
vos oblations, je ne les agrée pas,
le sacrifice de vos bêtes grasses, je ne le regarde pas.
Écarte de moi le bruit de tes cantiques,
que je n'entende pas la musique de tes harpes!
Mais que le droit coule comme de l'eau,
et la justice, comme un torrent qui ne tarit pas.»

Amos 5, 21-24

Après Amos, c'est au tour du prophète Osée de reprendre la parole au nom de Dieu. Faisant un parallèle entre son propre mariage et l'alliance entre Yahvé et le peuple du Royaume du nord, il affirme que le manque de fidélité des Juifs leur fera perdre leur terre et leur liberté (Os 2, 4-15), mais que l'amour indéfectible du Seigneur leur vaudra son pardon et leur retour en grâce (Os 2, 16-25).

Le message des prophètes du Nord est toujours le même, les fautes d'Israël (ses manques d'amour envers Dieu et les autres) expliquent pourquoi les malheurs s'abattent sur lui. Ils ne font que répéter la théologie de l'Ancien Testament: celui qui fait la volonté de Dieu est récompensé, mais celui qui s'en éloigne peut s'attendre à en subir les conséquences[2]. Les prophètes sont-ils

---

[2] Reportez-vous au tableau de la théologie de l'Ancien Testament au chapitre IV.

des colporteurs de mauvaises nouvelles? L'étude des deux textes prophétiques, introduits plus haut, Amos 5 et Osée 1-3, permettra de répondre à cette question.

1. Étude d'Amos 5

a) La critique des sources

La lecture de l'introduction au prophète Amos dans *La Bible de Jérusalem*[3] met en évidence que les versets huit et neuf (8-9) du chapitre 5 d'Amos ont été écrits postérieurement. De plus, les notes «c» et «i» de la page 1348 ainsi que la note «c» de la page 1349 révèlent que les versets 13, 22a et 26 pourraient être des gloses[4] tardives. Am 5, 8-9 arrive nettement hors contexte, ne faisant que retarder une réflexion de foi basée sur l'examen de la conduite du Peuple par rapport à la Loi de l'Alliance. Le texte originel comprendrait l'annonce d'un avenir malheureux prévisible (vv. 1-3), suivie des raisons qui la justifient (vv. 4-7, 10-13). La doxologie des vv. 8-9, où l'on vante la puissance de Yahvé, a été écrite plus tard, lorsque le mal annoncé par Amos se fut réalisé. De plus, les vv. 8-9 coupent l'examen de la situation d'injustice commencée au v. 7 et qui se poursuit aux vv. 10-12. D'autre part, les versets 13, 22a et 26 constituent aussi des ajouts postérieurs dont l'absence ne met aucunement en péril la compréhension du texte.

b) La critique du genre littéraire

Am 5 proclame un oracle de malheur collectif dans le cadre d'une lamentation[5]. Le prophète veut éclairer un peuple qui a de

---

[3] Cf. *La Bible de Jérusalem*, p. 1085-1086.

[4] Une *glose* est un ajout fait à un texte original, longtemps après la première rédaction par quelqu'un qui veut en favoriser une meilleure compréhension. Ceci nous révèle que le texte biblique était continuellement mis à jour par les personnes qui avaient la tâche d'accompagner le peuple juif dans sa foi.

[5] Une lamentation, ou *qinah* en hébreu, correspond à une élégie funèbre où la chute de la voix sur le second stique du vers qui compte une syllabe

la difficulté à saisir ce que Dieu attend de lui. Il ne veut pas d'abord annoncer l'avenir et propager l'image d'un Dieu vengeur, mais amener le Royaume du nord à se convertir en revenant à une conduite dont la norme serait l'amour de Yahvé et des autres.

c) Milieu de vie et message d'Amos au chapitre 5

Il est difficile de dater précisément la prophétie d'Am 5. Elle est sans doute antérieure à la guerre syro-éphraïmite[6], car Am 1, 1 affirme qu'Amos a prophétisé au Royaume du nord lors du règne de Jéroboam II[7] qui fut roi entre 783 et 743 A.C. De plus, Amos étant un berger originaire du Royaume du sud (Am 1, 1), il serait difficile de comprendre comment il aurait pu se rendre au Royaume du nord, si son pays avait été ouvertement en guerre contre celui-ci. Am 5 a donc été écrit à une époque où l'Assyrie faisait planer une réelle menace sur Israël. La preuve s'en trouve en Am 5, 27 qui menace Israël d'une déportation en sol assyrien s'il ne se convertit pas.

En résumé, alors que le peuple juif est divisé et qu'une guerre fratricide se prépare, un homme de Juda (le Royaume du sud) ira en Israël (au Royaume du nord) pour faire entendre un message de conversion venant de Dieu. Compte tenu des différences politiques entre les deux pays, il est facile d'imaginer qu'il a fallu beaucoup de courage au prophète Amos pour remplir sa mission.

Le plan qui suit aide à comprendre Am 5, car il permet de saisir la technique prophétique d'Amos. Il commence par annoncer, à partir d'un jugement découlant de la théologie de l'Ancien Testament, que Yahvé va punir le Royaume du nord pour ses fautes. Ensuite, il explique, à partir d'une lecture de la

---

accentuée de moins que le premier, donne à celui-ci l'écho assourdi où l'oreille discerne la tristesse. Cf. *Dictionnaire encyclopédique de la Bible*, Iris diffusion, Montréal, 1987, col. 727.

[6] Reportez-vous à l'annexe III à la fin du volume.

[7] Le Jéroboam dont il est question en Am 1, 1 est Jéroboam II. Il régna sur le Royaume du nord de 783 à 743 A.C. Cf. *La Bible de Jérusalem*, note «b», p. 1343.

situation présente, pourquoi la conduite du Peuple déplaît à Dieu. Enfin, il revient à son annonce de malheur puis sur la conversion qui seule peut éviter un bien triste sort à Israël, et faire en sorte que Dieu se détourne de ses projets de faire disparaître tout le peuple du Royaume du nord.

Plan d'Amos 5:

— *le premier mouvement:*
- une annonce d'un avenir prévisible: le Royaume du nord sera dévasté (5, 1-3)
- une exhortation à revenir à Yahvé (5, 4)
- un examen de la situation présente qui justifie la colère de Yahvé sur Israël:
  ■ les gens abandonnent Yahvé pour pratiquer un culte hypocrite aux lieux saints comme Béthel, Gilgal et Bersabée (5, 5-6)
  ■ l'injustice sociale est omniprésente (5, 7, 10)
     Un ajout: la doxologie des versets 8-9
- annonce d'un malheur qui vient (5, 11-12)
- une exhortation à la conversion (5, 14-15a)
- hypothétique pardon pour le «reste» de Joseph (autre nom du Royaume du nord) (Am 5, 15b) à comprendre dans le cadre d'un grand malheur qui viendra.

— *le deuxième mouvement:*
- un dévoilement de l'avenir prévisible: le malheur comme punition pour tout le pays lors du Jour de Yahvé (5, 16-20)
- le culte du Royaume du nord ne protégera pas contre la colère de Dieu:
  ■ Yahvé n'accueille pas le culte des hypocrites (5, 21-23)
- une exhortation à se convertir: revenir au droit et à la justice (5, 24-25)
- un rappel de l'avenir qui menace le peuple: une déportation en Assyrie[8] (5, 27)

---

[8] La mention d'une déportation par-delà Damas signifie une déportation en Assyrie, la grande puissance de ce temps-là. Cf. *La Bible de Jérusalem,* note «d», p. 1349.

Les deux mouvements d'Am 5 commencent et se terminent par la mention d'un avenir malheureux. Le prophète se sert de l'annonce d'un malheur tout proche pour stimuler les gens à se convertir. Il est clair qu'Amos ne tient pas d'abord à propager l'image d'un Dieu colérique, mais qu'il vise un changement de conduite de la part du Royaume du nord. Il ne veut pas dévoiler un avenir lointain mais éclairer le présent; il ne vise pas à faire peur mais à convertir. À l'époque d'Amos, il semble bien qu'une attaque assyrienne contre Israël soit inévitable, car au v. 15b le retour à Yahvé ne pourra que sauver le «reste de Joseph», c'est-à-dire ceux qui, au Royaume du nord, seront demeurés fidèles après une grande épreuve.

Explication du symbolisme dans Amos 5

Dans les trois premiers versets (Am 5, 1-3), on veut annoncer à la maison d'Israël (le Royaume du nord) que bientôt elle sera complètement dévastée. Amos utilise le symbole de la vierge emportée par la mort avant d'avoir eu la chance de devenir une femme[9], pour informer du malheur qui va tomber sur un pays encore jeune. Si on se fie au v. 3, ce malheur sera grand : Israël sera décimé, son armée perdra quatre-vingt-dix pour cent de ses forces. Malgré tout, Amos envisage quand même un pardon possible si les gens se convertissent, car aussitôt après suit un appel à revenir à la vraie foi en Dieu (Am 5, 4 : «Cherchez-moi et vous vivrez»), qui est gage de vie. Après cette note encourageante, il énumère les raisons justifiant les annonces de malheur. Les vv. 5-6 précisent que la pratique d'un culte hypocrite aux lieux saints comme Béthel, Gilgal et Bersabée a égaré les gens et les a conduits loin de la personne et de la volonté de Yahvé. Cet éloignement se voit clairement dans le fait que l'injustice sociale soit tolérée en Israël (Am 5, 7, 10). L'image du droit bafoué lors des procès, qui se tenaient à la porte des villes entourées d'un mur protecteur, vient clore la description des fautes.

---

[9] Il faut comprendre ce symbole dans le cadre du sacrifice que Jephté fit de sa fille encore vierge, pour remercier Yahvé de lui avoir permis de battre les Ammonites (Juges 11, 29-40).

Ainsi le prophète s'élève contre les personnes qui exploitaient les pauvres et pensaient qu'elles pouvaient le faire puisque Yahvé, selon la théologie de l'Ancien Testament, récompense les justes en leur donnant la richesse matérielle. Amos s'élève contre cette façon d'interpréter la Loi de l'Alliance. Selon lui, il est impossible de se croire l'ami de Dieu si on ne l'est pas d'abord de ses frères et sœurs. C'est pour cela que suit une seconde annonce de malheur aux vv. 11-12. Amos prédit une destruction qui viendra punir les fautes d'hypocrites qui se sont gorgés aux dépens de leur prochain. Ici aussi, le Dieu d'Amos désire davantage convertir que punir, puisque la menace des vv. 11-12 est suivie d'un appel à la conversion qui amènerait à un éventuel pardon (vv. 14-15).

La seconde partie commence aussi par le dévoilement de malheurs à venir (Am 5, 16-20). À toutes les personnes qui espèrent que le Seigneur interviendra en leur faveur malgré la menace de la puissante Assyrie, Amos annonce plutôt que Yahvé les punira lors du jugement qui vient. Le Jour de Yahvé (ou jour du jugement), qui a toujours été envisagé en Israël comme le moment où les ennemis des Juifs seraient châtiés par une intervention divine, devient ici un jour de colère néfaste à la nation juive, plus spécifiquement pour la population d'Israël. Cette annonce est immédiatement suivie d'une mise en garde : le culte des hypocrites ne trouve plus grâce devant Dieu et ne saurait les protéger du jugement de Dieu (Am 5, 21-23). La menace de destruction est l'instrument dont Yahvé se sert pour provoquer une conversion, car un culte accompli par des personnes qui exploitent les pauvres et leur refusent le droit et la justice n'est pas agréé de Dieu. De nouveau le prophète ne laisse pas les gens sur cette menace, il leur montre la voie du pardon en leur proposant la conversion (Am 5, 24-25). Au v. 25 il suggère aux gens du Royaume du nord de revenir à un dépouillement semblable à celui que le peuple juif a vécu au désert. En ce temps-là, les relations avec Dieu n'étaient pas troublées par la richesse matérielle qui a égaré Israël au point de lui faire croire qu'elle était une bénédiction divine, alors qu'il exploitait les faibles. Tout se termine par un rappel de l'avenir qui semble inévitable : l'invasion et la déportation en Assyrie (Am 5, 27).

Le malheur qui vient (une attaque assyrienne) a pour origine les injustices sociales dont Israël est coupable, et Dieu le punira pour qu'il se convertisse. Ce message d'Amos 5 ne va pas sans poser une question. Notre Dieu est-il vindicatif? Punit-il les fautes en envoyant des malheurs? Une comparaison avec un texte assyrien fera connaître les raisons qui ont poussé l'Assyrie à s'emparer d'Israël et à déporter sa population.

Comparaison avec un autre texte

Il s'agit du récit de la campagne militaire du roi Sargon II qui s'est emparé de la ville de Samarie, la capitale du Royaume du nord, vers 721 A.C.:

> «Les gens de Samarie qui s'étaient mis d'accord avec un roi, mon ennemi (?), pour ne pas faire acte d'allégeance et ne pas livrer de redevance et firent la guerre, je combattis contre eux avec la force des grands dieux mes Seigneurs; je comptai pour prisonniers 27 280 personnes ainsi que leurs chars et les dieux en qui ils se confiaient. Je levai parmi eux 200 chars pour mon contingent royal et j'installai le reste en Assyrie même. J'accrus la ville de Samarie et je la rendis plus grande qu'avant; j'y fis venir des gens des pays qu'avaient conquis mes propres mains; j'installai à leur tête un mien haut fonctionnaire comme gouverneur et je les comptai parmi les gens d'Assyrie[10].»

Selon ce témoignage étranger à la Bible, il est permis de penser que ce n'est pas pour punir les Samaritains de leurs fautes que l'Assyrie a fait la guerre, mais pour les punir de s'être alliés avec Aram en vue d'ébranler son pouvoir. Dans ce contexte, est-ce Amos qui a raison de croire que la chute d'Israël était due à ses fautes contre Dieu et les pauvres, ou est-ce le point de vue des Assyriens qui est juste?

Il est impossible de trancher aussi facilement, car les deux parties ont raison à leur façon. Que les Assyriens prétendent avoir conquis le Royaume du nord parce qu'il s'était révolté

---

[10] Jacques Briend, «Israël et Juda», *Cahiers ÉVANGILE*, Supplément au cahier Évangile n⁰ 34, Cerf, Paris, 1980, p.67.

contre eux, cela concorde avec l'histoire, et la Bible confirme ces faits en Is 7, 1-9 et 2 R 16, 5-9[11]. De ce point de vue, c'est une mauvaise politique extérieure qui fut à l'origine de la guerre et cause de la chute de Samarie, non pas la colère de Yahvé. Cependant, Amos aussi a raison, en son temps et compte tenu de sa théologie, de faire réfléchir les gens du nord sur les conséquences de leurs mauvaises actions et de les appeler à la conversion, car ils manquaient aux commandements. La vérité d'Am 5 se situe au niveau de son appel en faveur des défavorisés qui ont droit à la justice et au respect. Tout le reste du texte ne sert qu'à véhiculer ce message.

e) Actualisation et intégration

Comment moderniser le texte d'Am 5 sans lui être infidèle? Am 5 n'est pas un texte qui veut faire de l'histoire. Son genre littéraire vise plutôt à favoriser une conversion immédiate. Ainsi, au lieu de retenir seulement que Dieu punit les pécheurs, nous devrions nous concentrer sur le contenu religieux d'Am 5: l'appel à la conversion. Il en résulte alors que le message d'Amos pour aujourd'hui serait le suivant: convertissez-vous, sinon vous vous punirez vous-mêmes en vous éloignant de Dieu et des autres. Notre monde n'a-t-il pas encore besoin de conversion car, comme le Royaume du nord, n'a-t-il pas tendance à négliger les défavorisés et à les appauvrir? L'Ancien Testament ne vise pas d'abord à répandre l'image d'un Dieu colérique, responsable des guerres, des famines, des maladies, etc., ou encore l'image d'un Dieu qui récompense les justes par des bénédictions matérielles. Jésus n'a t-il pas confirmé tout cela en révélant que le Père est amour et en s'incarnant pour apporter la Bonne Nouvelle aux opprimés?

2. Étude d'Osée 1-3

L'étude d'Os 1-3 fera découvrir un autre lieu où Dieu peut révéler sa parole. Si Am 5 a dévoilé qu'il parle dans la misère

---

[11] Cf. l'annexe III pour en savoir davantage sur la guerre syro-éphraïmite.

des pauvres, c'est à travers une vie de couple mouvementée qu'il a rejoint et inspiré le prophète Osée.

a) Critique des sources

Les trois premiers chapitres du livre d'Osée recèlent des ajouts postérieurs. C'est le cas d'Os 1, 1 dont le rôle est de situer historiquement les prophéties[12], d'Os 1, 7[13], une addition d'un disciple du prophète après la chute de Samarie en 721 A.C. et finalement d'Os 3, 5: «et David leur roi», un complément au texte apporté beaucoup plus tard par quelqu'un habitant le Royaume du sud[14].

b) Critique du genre littéraire

Os 1-3 présente une action symbolique annonçant un bonheur possible conditionné par une conversion. Osée utilise la pédagogie de la menace pour favoriser une conversion rapide de son peuple. Cependant, contrairement à Am 5, il veut encourager la population du nord qui fait face à la ruine de son territoire. Il ne peut concevoir qu'Israël puisse éviter l'attaque de l'Assyrie et ne pas succomber sous les coups de sa puissante armée[15]. C'est pour cela que sa prédiction porte davantage sur un avenir heureux après la défaite juive, si Israël se convertit de ses fautes et revient vers Dieu. Cependant, un survol de l'histoire nous apprend que ses promesses de bonheur lointain ne se réaliseront pas. Jamais les Juifs déportés dans l'empire assyrien ne reviendront sur leur sol. Il faut rechercher l'inspiration d'Os 1-3 ailleurs que dans sa prédiction de l'avenir d'Israël, sinon il faudrait admettre que l'Esprit l'ait mal inspiré. Osée ne veut pas d'abord annoncer ce qui va arriver, mais obtenir une conversion permettant à Israël d'espérer, lui qui est bien près de subir une très importante défaite militaire.

---

[12] Cf. *La Bible de Jérusalem*, p. 1086.
[13] *Idem*, note «b», p. 1324.
[14] *Idem*, note «h», p. 1326. On suggère de comparer ce texte avec ceux de Jr 30, 9 et Ez 34, 23.
[15] Os 2, 11-15 constitue une description symbolique de l'assaut qui vient.

c) Milieu de vie et message d'Osée aux chapitres 1 à 3

Osée est originaire du Royaume du nord. Contemporain d'Amos, il commence sa mission sous Jéroboam II et la continue alors que ses successeurs défilent sur le trône d'Israël. Il semble qu'il n'ait pas vu la destruction de la capitale, Samarie. C'est lors de cette période historique difficile, marquée par la corruption, les injustices sociales et l'instabilité politique, que naîtra le texte d'Osée. Plusieurs passages d'Os 1-3 laissent supposer qu'il a été écrit peu de temps avant la prise de Samarie en 721 A.C., en particulier quand il insiste sur le caractère irrévocable du désastre qui arrive (Os 1, 4; 2, 11-15; 3, 4).

Un mariage malheureux sera la source de l'inspiration d'Os 1-3. Le plan qui suit permettra de saisir comment le prophète a découvert un message de Dieu à partir de sa propre expérience de vie. Il commence par annoncer un grand malheur : la défaite d'Israël sous les coups des Assyriens. Ensuite, à brûle-pourpoint, il dévoile un avenir heureux où tout ira pour le mieux. Cette façon de procéder surprenante n'a pas toujours été bien comprise par les traducteurs de la Bible. C'est ainsi que *La Bible de Jérusalem,* éditée en 1955[16], proposait de lire Os 2, 1-3 après Os 3, 1-5, sans doute parce qu'il lui semblait qu'Os 2, 1-3 contredisait les annonces de malheur d'Os 1, 2-9.

Plan d'Osée 1, 2 — 3, 5

— Première partie : Os 1, 2 — 2, 3

Annonce de malheur
— Os 1, 2-9 : Le prophète a épousé une femme qui lui a été infidèle et qu'il a reniée, de la même façon Dieu va punir l'infidélité religieuse d'Israël.

Pardon s'il y a conversion
— Os 2, 1-3 : Annonce d'un avenir heureux pour Israël s'il se convertit. (Dans ces trois versets, il n'est pas clair

---

16 *La Bible de Jérusalem,* Cerf, Paris, 1955.

qu'Osée fasse référence à sa vie conjugale, car il a repris son épouse infidèle après des moments difficiles.)

— *Seconde partie: Os 2, 4-25*

Annonce de malheur
— Os 2, 4-15: Osée s'est vengé de l'infidélité de son épouse en lui retirant tous ses moyens de subsistance, et Dieu fera de même envers Israël.

Pardon s'il y a conversion
— Os 2, 16-25: L'épouse d'Osée est revenue à lui après une période de réflexion, ainsi Israël reviendra à Yahvé après un examen de conscience provoqué par la perte de son territoire et il sera béni de nouveau.

— *Troisième partie: Os 3, 1-5*

Annonce de malheur
— Os 3, 1-4: L'avenir immédiat sera marqué par la perte des institutions du Royaume du nord. Il faudra de longs jours de désert avant que Dieu ne reprenne son peuple et ne lui pardonne, comme ce fut le cas dans le mariage d'Osée.

Pardon s'il y a conversion
— Os 3, 5: Annonce d'un avenir heureux pour le peuple d'Israël repentant, comme ce fut le cas de l'épouse d'Osée qui revint à lui.

Chacune des trois parties d'Os 1-3 commence par une annonce de malheur et se termine par la révélation d'un pardon conditionnel s'il y a conversion immédiate. L'intention du prophète est claire: montrer que la conversion est le seul moyen de sortir de la difficile période que le peuple traverse. Il ne veut pas décrire l'avenir, il tient seulement à montrer la différence entre les conditions de vie du peuple séparé de Dieu: — l'invasion imminente par l'Assyrie — et un avenir marqué par le bonheur et la paix, s'il cherche Yahvé de tout son cœur et s'il retourne à lui. Osée insiste donc sur la conversion nécessaire bien plus que sur une révélation de ce qui va se passer plus tard.

Explication du symbolisme d'Osée 1-3

L'annonce des malheurs des vv. 2-9 se fait par la symbolique du nom des enfants nés du mariage d'Osée avec une femme se livrant à la prostitution (v. 2). On appela le premier « Yizréel ». Ce nom fait référence au massacre de la famille du roi Joram (roi du Royaume du nord entre 853 et 842 A.C.) par Jéhu qui devint roi à sa place. Cette référence à des événements sanglants indique à Israël qu'il ne peut espérer être béni par Dieu puisque son histoire a mal commencé, comme le mariage d'Osée avait bien mal commencé aussi. Le second enfant, une fille, porta le nom de Lo-Ruhamah, ce qui veut dire : « celle dont on n'a plus pitié ». Il montre que la relation du couple allait en se détériorant, comme les relations entre Dieu et Israël depuis le début du Royaume du nord. Il laisse aussi présager la destruction certaine du pays dans peu de temps. Enfin, le nom du troisième enfant : Lo-Ammi, « plus mon peuple », décrit symboliquement la fin du mariage d'Osée, comme Dieu mettra fin à son Alliance avec Israël en le livrant aux forces assyriennes.

Immédiatement après ces mauvaises nouvelles, la section Os 2, 1-3 apporte un message de bonheur. En premier lieu, on annonce que le peuple d'Israël redeviendra un grand peuple, comme cela avait été promis à Abraham en Gn 22, 17 : « Le nombre des enfants d'Israël sera comme le sable de la mer... » (Os 2, 1). En plus de cette annonce, on promet que viendra un jour où les Royaumes du nord et du sud se réunifieront et que le pays sera assez puissant pour conquérir de nouveaux territoires. Il s'agit là d'un retournement complet de la situation.

La seconde partie du texte (Os 2, 4-25) annonce un malheur national qui doit se lire à partir de l'évolution de la vie de couple d'Osée. Il a isolé sa femme adultère et lui a retiré tous ses moyens de subsistance pour la forcer à réfléchir sur ses fautes. Le prophète indique ainsi que c'est à cause de son idolâtrie que Dieu va punir son peuple en le livrant à l'invasion étrangère, comme ce fut le cas de son épouse infidèle. C'est pour cela que suit immédiatement une annonce de bonheur, car il a repris sa femme repentante.

Les vv. 16-25 révèlent que Yahvé livre aux envahisseurs le Royaume du nord pour lui faire perdre sa richesse qui lui procure une fausse sécurité. Le but visé est un retour à Dieu décrit symboliquement à partir du dénuement qu'Israël a connu au désert (vv. 16-19). Cette pauvreté conduira à la paix et à la sécurité (v. 20), à la justice (v. 21) et à la richesse de la connaissance de Dieu (v. 22). Osée annonce un retour en grâce du peuple d'Israël (vv. 23-25) et les noms symboliques des enfants ont, cette fois-ci, un sens positif : « Lo-Ammi » ne signifie plus « pas mon peuple », mais « tu es mon peuple ».

La dernière section du texte (Os 3, 1-5) est construite comme les autres : elle commence par une annonce de malheur (vv. 1-4) et se termine par un message de bonheur pour l'avenir (v. 5). Les trois premiers versets rappellent qu'Osée est allé chercher son épouse infidèle chez ceux qui l'asservissaient, qu'il l'a rachetée et l'a laissée réfléchir pendant de longs jours dans le dénuement. Le v. 4 fait le pont entre l'expérience de couple d'Osée et les relations entre Israël et Dieu : comme Osée a tout enlevé à sa femme, ainsi en sera-t-il pour Israël à qui Yahvé retirera tout jusqu'à ce qu'il se repente. Le v. 5 répète au Peuple les annonces d'unité, de puissance et de richesse rencontrées en Os 2, 1-3; et 2, 19-25.

Dieu pardonnera à son peuple repentant après l'avoir puni

À l'époque d'Osée, la fin de la capitale du Royaume du nord, Samarie, est encore plus imminente qu'au temps d'Amos. Ainsi, plus encore que ce dernier, il a vu poindre les signes du malheur. Il n'était pas difficile de prévoir qu'Israël tomberait bientôt aux mains des Assyriens alors que ses rois se succédaient sur le trône. Leur désir de libérer leur pays de la puissante Assyrie était trop ambitieux, car ils ne pouvaient rivaliser avec un aussi puissant voisin. Il faut donc distinguer la prophétie d'Osée d'une prédiction comme en faisaient les devins.

Il s'agit plutôt d'une explication de l'avenir immédiat basée sur la théologie de l'Ancien Testament : si le peuple s'éloigne des commandements de Dieu, il ne doit pas s'attendre à être récompensé. Si Amos a trouvé son inspiration dans les cas d'injustice sociale, Osée la découvrira à partir des événements de son propre couple; si Amos était préoccupé de faire prendre conscience des manquements au commandement de l'amour des autres, Osée s'est appliqué à montrer comment Israël fut infidèle à l'amour d'un Dieu qui lui avait tout donné. Comment redire le message d'Osée maintenant que nous savons, grâce à Jésus, que le Père est amour et pardon?

e) Actualisation et intégration

Replaçons ces événements dans une vie de foi aujourd'hui...

Encore une fois, nous pouvons nous rendre compte jusqu'à quel point notre foi chrétienne est marquée par la foi juive. Comme à l'époque des prophètes Amos et Osée, nous croyons que Dieu peut punir et qu'il envoie des «prophètes» pour nous prévenir de ce qui va arriver. Il semble que nous n'ayons pas encore réussi à séparer le domaine religieux du domaine profane; il semble que lorsque nous n'avons pas de réponse à certaines questions concernant la souffrance, les échecs ou les contrariétés de toutes sortes, nous n'ayons d'autre alternative que d'en rendre le Seigneur responsable. Ce faisant, nous nous culpabilisons inutilement au lieu de prendre nos responsabilités pour accueillir ce qui fait partie de la vie humaine.

Comme à l'époque d'Osée, notre monde a toujours besoin de conversion. Cependant, depuis la venue de Jésus, nous savons que Dieu ne punit pas par dépit ou parce qu'il est en colère contre nous. Nous devons donc insister sur le fait que nous sommes responsables de nos déboires, que nous bâtissons nous-mêmes nos enfers, individuellement ou collectivement. Enfin, comme l'a fait Osée, nous pouvons parler du pardon de Dieu, toujours disposé à nous accueillir quand nous nous convertissons.

Qu'est-ce qu'un prophète aujourd'hui?

Nous sommes tous des détenteurs de la Terre promise. Nous avons appris qu'elle peut être différente pour chacun de nous, mais que tous et toutes nous sommes guidés par Dieu vers un état de vie où nous pourrons être heureux. Les messages prophétiques s'adressent à tous les propriétaires de Terre Promise, ils veulent leur permettre d'y demeurer longtemps et de s'y épanouir pleinement.

Un prophète n'est pas un porteur de mauvaises nouvelles, c'est avant tout le messager d'un Dieu, proposant une relecture des événements de la vie de tous les jours, à la lumière de ce Dieu qui nous aime et qui espère que nous demeurions toujours en son amour. C'est une personne qui nous éclaire sur le chemin à choisir pour nous rapprocher de la volonté du Seigneur et nous conduire au bonheur. C'est finalement quelqu'un qui nous connaît bien et qui est en mesure de donner le conseil approprié à chacun d'entre nous. Ce n'est pas un devin ou un diseur de bonne aventure. Au contraire, c'est avant tout celui ou celle qui est capable de nous aider à nous comprendre nous-mêmes à des moments où nous avons de la difficulté à le faire seuls.

Le prophète ou la prophétesse est une personne qui nous remet en question au risque de perdre notre amitié en vue de notre bien, pour que nous prenions des décisions justes dans le sens de l'amour de Dieu et des autres. On accueille souvent très mal le message du prophète, même s'il cherche notre bien, car il vient nous rappeler ce que nous devrions ou aurions dû faire. Nous le percevons comme un intrus qui nous dérange et nous empêche de vivre en paix. En conséquence nous le rejetons et lui disons de se mêler de ses affaires. En cela les prophètes d'aujourd'hui ne sont pas traités différemment de ceux de l'Ancien Testament[17]. Il est beaucoup plus facile de refuser de nous laisser interroger sur le choix de nos valeurs et d'aller de l'avant sans poser de questions. Pourtant il y a tellement de misère autour de nous: les aînés que nous laissons seuls, les jeunes qui ne trouvent que difficilement de la place dans le monde du travail,

---

[17] C'est le cas d'Amos qui, après avoir prophétisé sur le sort du Royaume du nord, fut contraint de retourner chez lui (Am 7, 10-13).

les handicapés à qui nous concédons difficilement le moindre privilège, les malades et les mourants que nous refusons de visiter, sans parler de tous les autres qui se découragent et préfèrent le suicide à la vie. Ne serait-il pas possible que Dieu nous appelle à changer tout cela?

Oui notre société est riche! Comme les habitants du Royaume du nord, nous sommes en possession de la Terre Promise et nous refusons de nous poser les questions qui nous éviteraient de bâtir un monde sans espérance. Plus que jamais le message prophétique s'adresse bien à nous: *convertissez-vous, sinon vous vous punirez vous-mêmes en bâtissant un monde sans bonheur, basé sur des valeurs qui éloignent de Dieu et des autres.* Quand nous pensons à toutes les personnes qui parlent et agissent au nom de leur foi pour le bien des autres, il est possible de dire que notre Dieu envoie toujours des femmes et des hommes pour nous éclairer sur sa volonté à des moments difficiles de notre histoire. Ces hommes et ces femmes sont par exemple Mère Teresa, Jean Vanier et tant d'autres témoins moins connus mais tout aussi efficaces.

Pour continuer votre réflexion

Quels sont les prophètes que Dieu nous envoie?

— Avez-vous, parmi vos amis, des personnes dont les questions ou les conseils vous dérangent?
  – Pourquoi vous dérangent-ils? Veulent-ils votre bien ou désirent-ils seulement vous mettre mal à l'aise? Leur message vient-il de Dieu selon vous? Pourquoi?
  – Comment réagissez-vous face à eux?

— Êtes-vous de ceux qui croient que notre monde a besoin de s'interroger sur le choix de ses valeurs?
  – Nommez deux points qui, selon vous, ont besoin d'être améliorés dans notre pays.
  – Quels sont les prophètes qui travaillent déjà dans ces domaines?
  – Quel message donnent-ils?
  – Comment sont-ils reçus?

— Croyez-vous que notre Église a besoin de prophètes?

– Nommez deux points sur lesquels nous aurions besoin de nous améliorer.

– Y a-t-il des prophètes qui y travaillent déjà?

– Quel message donnent-ils?

– Comment sont-ils reçus?

Bibliographie

Fournier, François, «Qu'est-ce donc qu'un prophète», *Lumière et Vie*, n° 22, 1973, pp. 14-24.

Gibert, P., «Les livres de Samuel et des Rois», *Cahier Évangile*, n° 44, Cerf, Paris, 1983, 63 pp.

Monloubou, L., *Prophète qui es-tu?*, Cerf, Paris, 1968.

Vénin, A., *Samuel et l'instauration de la monarchie (1 S 8-12)*, Verlag Peter Lang, 1988, 489 p.

Vermeilen, J., «Les prophètes de la conversion face aux traditions sacrales de l'Israël ancien», *Revue théologique de Louvain*, n° 9, 1978, pp. 5-32.

Vogels, W., «Les prophètes et la division du royaume», *Sciences religieuses*, n° 8, 1979, pp. 15-26.

Huitième chapitre

L'EXIL À BABYLONE: UNE RÉFLEXION
SUR LES MALHEURS QUE L'ON S'ATTIRE

Si les Juifs avaient su tirer des leçons du passé, sans doute auraient-ils interprété différemment les événements entourant la chute du Royaume du nord et auraient-ils évité de perdre le Royaume du sud cent trente-cinq ans plus tard. Les circonstances dans lesquelles Samarie et Jérusalem vont tomber sont en effet sensiblement les mêmes. Dans les deux cas, c'est une volonté d'ébranler la domination d'une nation étrangère plus puissante qui sera à l'origine de tous les malheurs[1]. Ce ne sont pas les fautes du Peuple qui expliquent ses déboires militaires autant que ses aspirations à devenir une grande nation indépendante. Quand tout semble réussir, on est souvent porté à envisager des coups audacieux et dangereux. C'est ce que fit le peuple choisi.

Rappelons les événements de l'histoire sainte[2]...

L'histoire du Royaume du sud fut dans l'ensemble marquée par la réussite. Jamais ce pays ne fut sérieusement menacé, sauf en 701 A.C., quand l'Assyrien Sennachérib tenta de s'emparer de Jérusalem après en avoir fait le siège. C'était d'ailleurs là une

---

[1] Le Royaume du nord voulait se soustraire au pouvoir de l'Assyrie et le Royaume du sud à celui de la Babylonie.

[2] H. Gaubert, *L'exil à Babylone*, Mame, Paris, 1966. 261 p. Cf. aussi Jean-Claude Margueron, *Les Mésopotamiens*, Tomes I et II, Armand Colin, Paris, 1991. Ce dernier titre donne de précieuses informations sur la culture et les conditions de vie de la Mésopotamie.

conséquence de la guerre syro-éphraïmite durant laquelle Jérusalem avait demandé l'aide de l'Assyrie pour repousser les forces de Samarie. Par la suite, le pays connut des hauts et des bas. Le roi Ézéchias (716-687 A.C.) purifia le pays des hauts lieux païens (2 R 18, 4), mais son fils, Manassé (687-642 A.C.), les fit rebâtir (2 R 21, 3). Après le bref règne d'Amon (642-640 A.C.), Josias (640-609 A.C.) revint au culte de Yahvé et fit de nouveau purifier le pays (2 R 23, 1-23). Cependant, peu de temps après sa disparition, les choses allaient dramatiquement changer. Sous Joiakîn, qui ne régna que trois mois, en 597 A.C., Babylone s'empara de Jérusalem et déporta une partie de sa population (2 R 24, 10-14), avant d'en confier le gouvernement à Sédécias (597-587 A.C.). Après quelques années, ce dernier se révolta contre ses maîtres. Ce qui provoqua la destruction de la capitale, en 587 A.C., et la disparition définitive du Royaume du sud (2 R 24, 18 — 25, 21).

Le Second Livre des Rois ne nous informe guère sur les raisons politiques de la chute du Sud. Il se borne toujours à répéter le même refrain au début de la description du règne de chacun des rois malchanceux en politique extérieure : «Il fit ce qui déplaît à Yahvé...». Ce n'est qu'après coup que les auteurs de ces textes ont rendu les fautes de Juda et de ses chefs responsables du malheur qui leur arriva. Sur le coup, de nombreux textes bibliques nous laissent plutôt entendre que les Juifs ne savaient pas ce qu'ils avaient fait de mal et qu'ils espéraient que leurs déboires n'étaient qu'une erreur de parcours.

Peu de temps avant la destruction de Jérusalem, ne ridiculisait-on pas le prophète Jérémie qui expliquait la menace babylonienne comme le résultat des fautes du Peuple? Parce qu'on ne voulait pas entendre ses prophéties dérangeantes, on prétendait qu'elles ne venaient pas de Dieu. Pourtant, il ne faisait que reprendre le témoignage de ses prédécesseurs comme Amos et Osée, reprochant aux siens de manquer d'amour envers Dieu et les autres. Jérémie 27-29 constitue un parfait exemple du climat dans lequel le prophète dut remplir sa vocation prophétique.

1. Étude des chapitres 27-29 de Jérémie

a) La critique des sources

Jr 27-29 n'est pas à l'abri des ajouts postérieurs, leur contenu a été mis entre parenthèses dans le texte de *La Bible de Jérusalem*[3]. Notons d'une façon spéciale les vv. 16-20 du chapitre 29, qui constituent nettement une addition faite après coup, car la suite logique du v. 15 se trouve au v. 21.

b) La critique du genre littéraire

Quelle était donc l'intention de l'auteur de Jr 27-29? Il ne veut pas d'abord prédire l'avenir, mais tout simplement obtenir que le Peuple se convertisse et reconnaisse ses fautes. Le *Livret pour les exilés* (Jr 27-29) annonce un malheur collectif, qui s'exprime par l'intermédiaire de plusieurs genres littéraires: une action symbolique (Jr 27), une controverse (Jr 28) et enfin une lettre adressée à la collectivité en exil à Babylone (Jr 29). Cet oracle de malheur n'a pas été écrit pour propager l'image d'un Dieu colérique, mais pour ramener Israël à une conduite marquée par l'amour de Yahvé et du prochain. Un rappel du contexte historique qui a vu naître Jr 27-29 en précisera le message dans son milieu de vie.

c) Milieu de vie et message de Jérémie 27-29

Cette prophétie est facile à dater, car le verset 3 du chapitre 27 fait allusion à une réunion des petits États de la région (Édom, Moab, Tyr, Sidon, Ammon et Juda), qui avait pour but de secouer le joug babylonien et qui eut lieu à Jérusalem en 593 A.C.[4]. Cependant, il faut connaître les événements politiques ainsi que la géographie dans lesquels baigne cette prophétie.

---

[3] Pour de plus amples informations, Cf. notes de *La Bible de Jérusalem*, p. 1192-1194.
[4] La note «e» de *La Bible de Jérusalem*, p. 1192, dit que «L'avènement de Psammétique II en Égypte amena une coalition contre Babylone (593-592) de tous ces petits États, auxquels se joignit Juda.»

Au chapitre précédent, l'étude des prophéties d'Amos et d'Osée nous a fait connaître l'histoire juive jusqu'à la chute de Samarie en 721 A.C. Que s'est-il passé entre cette date et la destruction de Jérusalem en 587 A.C.? À la suite de la guerre syro-éphraïmite[5], Israël fut conquis par l'Assyrie, tandis que Juda dut payer un tribut et se soumettre au roi Sargon II. Les choses s'envenimèrent lorsque Sennachérib tenta de s'emparer de Jérusalem en 701 A.C. Son entreprise échoua et, en signe d'action de grâces, le roi Ézéchias (roi du Royaume du sud) purifia le pays (2 R 18, 4ss). On comprend que Juda devint alors un ennemi juré de l'Assyrie.

Josias, qui régna à Jérusalem de 640 à 609 A.C., appuya Babylone, puissance militaire qui commençait à poindre. Ses objectifs étaient de tout faire pour que l'Assyrie cesse d'être la seule grande puissance du temps. L'entreprise était risquée, car les Assyriens s'étaient alliés aux Égyptiens. Josias fut d'ailleurs tué en tentant de s'opposer au Pharaon Néko II qui traversait le territoire juif dans le but de porter main forte à l'Assyrie (2 R 23, 29-30). Même si le peuple de Jérusalem fut fidèle à son fils Joachaz, les Égyptiens, nouveaux maîtres du pays, le remplacèrent par Joiaqim qui leur était tout dévoué. Celui-ci fut leur vassal et leur paya un tribut (2 R 23, 33-35).

Quatre ans plus tard, en 605 A.C., Babylone remporta la guerre contre ses adversaires, l'Assyrie et l'Égypte. Joiaqim (roi de Jérusalem et allié des Égyptiens) se soumit alors à Babylone et à son roi Nabuchodonosor en 604 A.C. (2 R 24, 1). Trois ans plus tard, encouragé sournoisement par l'Égypte, il se révolte contre Babylone. Tout cela tourne mal, car en 598 A.C. Nabuchodonosor assiège Jérusalem et s'en empare en 597 A.C. Les dirigeants de Juda ainsi que les personnes capables de fomenter une rébellion (2 R 24, 10-16) furent exilées à Babylone. C'est la première déportation.

Sédécias, fils de Josias, qui fut le premier roi de Juda à appuyer Babylone, fut mis sur le trône de Jérusalem. Les Babyloniens pensaient qu'avec lui leurs affaires seraient entre bonnes mains. C'était une erreur, car il se révolta lui aussi contre ses

---

[5] Pour en savoir davantage sur cette guerre, reportez-vous à l'annexe III à la fin de ce volume.

maîtres, poussé pour ce faire par l'Égypte. Tout finit par la prise et la destruction de Jérusalem en 587 A.C. et une seconde déportation de sa population (2 R 25, 1-21). Il y eut enfin un dernier soulèvement en 582 A.C. On assassina Godolias, l'administrateur que les Babyloniens avaient laissé en poste sur le territoire juif. 2 R 24, 22-26 raconte très rapidement ce moment de l'histoire et rappelle que plusieurs, pris de peur, se sauvèrent en Égypte.

C'est alors que Sédécias préparait une révolte contre Babylone, en 593 A.C., entre la première et la seconde déportation, que fut écrit le texte Jr 27-29. Son étude permettra de mieux connaître Jérémie qui n'est ni un devin ni un diseur de bonne aventure, mais un homme engagé dans un monde qu'il veut rendre meilleur.

Message de Jérémie 27-29

Le plan d'ensemble de Jr 27-29 aide à comprendre Jérémie qui ne veut nullement prendre la part de l'une ou de l'autre partie dans le conflit.

Plan du Livret aux exilés: Jérémie 27-29

— *Première partie: une action symbolique destinée à Jérusalem en 593 A.C. (Jr 27)*

Jr 27, 1-3 : L'action symbolique: porter un joug comme une bête de travail.
   4-11 : Explication du geste symbolique:
            Nabuchodonosor est maître du monde, car Dieu s'en sert pour punir son Peuple. Il ne faut pas écouter ceux qui disent le contraire.
   12-15 : Message pour Sédécias, le roi de Jérusalem: il faut accepter le joug de Nabuchodonosor, sinon ce sera l'exil à nouveau.
   16-22 : Le même message est répété aux prêtres et au peuple.

La théologie de l'Ancien Testament étant à la base de la rédaction de Jr 27-29, on y affirme que Yahvé a déjà puni les fautes de son peuple en donnant à Nabuchodonosor le pouvoir de prendre Jérusalem et d'effectuer une première déportation en 597 A.C. Si les Juifs n'acceptent pas ce fait et ne changent pas de conduite, il les punira de nouveau par une seconde déportation.

Explication *du symbolisme de Jérémie* 27-29

L'action symbolique du chapitre 27 présente clairement le point de vue de Jérémie sur les événements qui se déroulent à Jérusalem. On se souvient que le roi de Juda et d'autres rois de la région trament un projet de révolte contre Babylone, lorsque le prophète prend la parole au nom de Yahvé. Il intervient pour rappeler au peuple juif que le fait d'être asservi à Nabuchodonosor n'est pas une erreur de parcours, mais une punition pour ses fautes. Les Babyloniens doivent être considérés comme les envoyés de Yahvé exécutant les sentences prévues par la Loi de l'Alliance.

C'est en utilisant l'action symbolique que Jérémie s'adresse aux siens. Il se revêt d'un joug et, ainsi affublé, il se met à parler, sûr d'être dérangeant et d'interpeller ses concitoyens. Jr 27 répète trois fois ce message aux rois étrangers de passage à Jérusalem, à Sédécias, monarque des Juifs, et enfin aux prêtres et au peuple. Cela démontre que tous opposent une très grande résistance à son message. Personne ne veut accepter que le Seigneur puisse punir ainsi le peuple choisi.

La controverse, en Jr 28, décrit le clivage qui existe entre la position de Jérémie et celle du reste de la population de Jérusalem.

— Aux dires du prophète, le culte ne peut protéger le Peuple si les gens négligent leurs devoirs les plus essentiels envers les plus pauvres et n'honorent pas le vrai Dieu. D'ailleurs, plusieurs passages du livre de Jérémie rappellent les injustices, les inégalités sociales ainsi que le manque de foi sincère[6]. C'est pour cela qu'il rappelle à ses coreligionnaires de ne pas s'attendre à ce que la domination babylonienne cesse bientôt. En effet, comment pourrait-il en être ainsi? Y a-t-il des signes qui montrent que la juste colère de Dieu pourrait diminuer? Le peuple a-t-il changé, s'est-il repenti de ses fautes nombreuses? Le prophète ne s'en tient pas là. Il renchérit et annonce que si on persiste à croire que l'on est

---

[6] On peut lire le chapitre 7 qui représente un bon exemple des reproches qu'adresse Jérémie à ceux qui croient que seul le culte est important pour être sauvé.

dans la bonne voie (et le projet de révolte contre Nabucho-donosor en est une preuve), Yahvé punira de nouveau en faisant revenir l'armée babylonienne contre Jérusalem. Jérémie est pour le droit et la justice.

— Du côté des autorités religieuses et civiles, on ne veut rien entendre ni se remettre en question. On est sûr que le peuple choisi est protégé par Dieu. La présence des Babyloniens ne peut être qu'une erreur de parcours et tout va bientôt rentrer dans l'ordre. C'est ainsi que le prophète Hananya, (un faux prophète du côté du pouvoir) prophétise le contraire de Jérémie pour faire taire ce prophète de malheur[7].

L'altercation entre les deux hommes montre bien que la position de Jérémie ne lui est pas dictée par le désir de se rebeller contre le roi Sédécias, mais par la volonté de ramener le Peuple à une conduite respectant davantage la justice sociale et la volonté de Dieu. Jérémie n'est pas pro-babylonien, c'est au contraire le plus nationaliste de tous. Selon lui, le peuple juif doit arrêter de mener une politique extérieure marquée par les intrigues et revenir à une foi sincère qui, seule, lui assurera la paix qu'il recherche.

Au chapitre 29, après une mise en situation où l'on explique les circonstances dans lesquelles cette lettre fut envoyée aux exilés à Babylone, les vv. 4-14 donnent l'essentiel du message de Jérémie. En premier lieu (vv. 4-9), on contredit les fausses prophéties qui laissent entendre aux exilés que dans très peu de temps ils reviendront tous à Jérusalem. On leur enjoint de s'intégrer à la vie économique de la ville de Babylone (v. 5) et on les appelle à s'y multiplier (v. 6). On va même jusqu'à leur demander de prier pour la paix de Babylone, car de sa paix dépend la leur (v. 8).

Dans un second volet, le prophète change de cap et prédit que Yahvé prépare un avenir heureux pour son peuple. Cette

---

[7] Jérémie risquait gros en s'opposant aux autorités religieuses et civiles de son temps. L'histoire nous apprend qu'on a été jusqu'à le faire jeter en prison pour le faire taire (Jr 37-38). L'arrivée des armées babyloniennes à Jérusalem en 587 A.C. le sauva d'un plus triste sort.

annonce est possible parce que Dieu sait que les Juifs se convertiront :

«Car je sais, moi, les desseins que je forme pour vous — oracle de Yahvé — desseins de paix et non de malheur, pour vous donner un avenir et une espérance. Vous m'invoquerez et vous viendrez, vous me prierez et je vous écouterai. Vous me chercherez et vous me trouverez, car vous me rechercherez de tout votre cœur; je me laisserai trouver par vous...» (Jr 29, 11-14a)

Cependant, au v. 10, la symbolique des nombres précise que cela prendra du temps, l'exil pourrait durer soixante-dix ans. Ce qui signifie qu'il durera le temps nécessaire pour que les Juifs soient pris d'un réel repentir. Cette idée de quarantaine, qui replongerait le Peuple dans l'inconfort du désert et l'amènerait à la conversion et au pardon, avait déjà été soutenue par Osée (Os 2, 4-25) avant la chute de Samarie.

Le message de Jr 27-29 est le suivant : si le peuple juif reconnaît que la déportation de 597 A.C. constitue la juste punition des fautes qu'il a commises, s'il accepte que la domination babylonienne entre dans le plan de Yahvé et se convertit, alors il aura un avenir heureux. Dieu se laissera toucher par ses prières, lui pardonnera et le bénira de nouveau.

Le prophète, qui s'adresse au Peuple alors qu'il est frappé par un grand malheur, ne peut répéter les annonces de malheur émises avant un désastre. Si Amos, quelques années avant la chute du Royaume du nord, a surtout insisté sur le fait que Dieu punirait les infidèles, Osée et Jérémie n'ont pu reproduire ce discours sans y ajouter que la conversion mettrait fin au malheur. On constate qu'ils ne veulent pas propager l'image d'un Dieu inflexible et colérique, mais faire réfléchir et conduire à la conversion. On doit constater que la pédagogie de la peur, basée sur la théologie de l'Ancien Testament où Yahvé est un juge impartial, prend beaucoup de place dans les prophéties. Bien qu'il soit vrai qu'Israël ait manqué aux commandements de l'amour de Dieu et du prochain, est-il vrai que le Seigneur puisse punir les pécheurs?

Comparaison avec d'autres textes

Les textes de la Chronique babylonienne, du Second livre des Rois et des livres des Chroniques permettent de suivre le déroulement des événements entourant la chute de la ville de Jérusalem. Ces témoignages mettent en doute l'affirmation selon laquelle Yahvé a puni les fautes de son peuple par l'intermédiaire des armées babyloniennes.

La Chronique babylonienne :

«Tout au début de son règne, Nabuchodonosor retourna en Hattu (Royaume du sud) et parcourut victorieusement le Hattu jusqu'au mois de Shabatu (du 2 février au 2 mars 604). Au mois de Shabatu il emmena à Babylone la lourde redevance du Hattu. Au mois de nisannu (2 avril au 30 avril 604) il prit la main de Bêl et du fils de Bêl (le dieu Nabû) et célébra la fête de l'Akitu (le nouvel an).

La première année, au mois de simanu (du 30 mai au 28 juin 604), Nabuchodonosor mobilisa ses troupes, marcha vers le Hattu et parcourut victorieusement le Hattu jusqu'au mois de kislimu (du 24 novembre au 23 décembre 604). Tous les rois du Hattu vinrent en sa présence et il reçut leur lourde redevance. Il marcha vers Ashqelôn et la prit au mois de kislimu; il se saisit de son roi, et la mit au pillage et y fit des prisonniers; il changea la ville en un tas de ruines. Au mois de shabatu (du 23 janvier au 20 février 603) il s'en alla et retourna à Babylone.

La quatrième année, le roi de Babylone mobilisa ses troupes et marcha vers le Hattu; il parcourut victorieusement le Hattu. Au mois de kislimu (du 21 novembre au 19 décembre 601), il prit la tête de ses troupes et marcha vers le pays d'Égypte. L'ayant appris, le roi d'Égypte mobilisa ses troupes. Ils combattirent l'un contre l'autre en bataille rangée et s'infligèrent l'un l'autre beaucoup de pertes. Le roi de Babylonie et son armée s'en retournèrent et revinrent à Babylone.

La cinquième année, le roi de Babylonie resta dans son pays; il rassembla ses chars et ses chevaux en grand nombre.

La sixième année, au mois de kislimu (du 29 novembre au 27 décembre 599), le roi de Babylonie mobilisa ses troupes et marcha vers le Hattu. Du Hattu, il envoya ses troupes s'avancer dans le désert où elles s'emparèrent de nombreux Arabes, de leurs biens, de leur petit bétail et des statues de leurs dieux en quantité. Au mois d'addaru (du 25 février au 26 mars 598), le roi retourna dans son pays.

La septième année, au mois de kislimu (du 18 décembre au 15 janvier 597), le roi de Babylonie mobilisa ses troupes et marcha vers le Hattu. Il s'établit dans la ville de Juda, et au mois d'addar, le deuxième jour (le 16 mars 597), il prit la ville; il se saisit du roi, y investit un roi de son choix; il y préleva une lourde redevance qu'il ramena à Babylone[8].»

Les textes bibliques:

Certains textes bibliques soutiennent qu'une politique extérieure trop ambitieuse a pu être la cause véritable de la prise de Jérusalem.

«Sédécias se révolta contre le roi de Babylone. En la neuvième année de son règne, au dixième mois, le dix du mois, Nabuchodonosor, roi de Babylone, vint attaquer Jérusalem avec toute son armée, il campa devant la ville et la cerna d'un retranchement. La ville fut investie jusqu'à la onzième année de Sédécias...» (2 R 24, 20b-25, 2).

«Sédécias avait vingt et un ans à son avènement et il régna onze ans à Jérusalem. Il fit ce qui déplaît à Yahvé, son Dieu. Il ne s'humilia pas devant le prophète Jérémie venu sur l'ordre de Yahvé. Il se révolta en outre contre le roi Nabuchodonosor auquel il avait prêté serment par Dieu. Il raidit sa nuque et endurcit son cœur au lieu de revenir à Yahvé, le Dieu d'Israël.» (2 Ch 36, 11-13)

Dieu a-t-il réellement puni le Royaume du sud? Malgré les témoignages rapportés plus haut, il est difficile de répondre à la question par un oui ou par un non. Il faut prendre en considération que Jérémie a lancé ces affirmations dans le cadre d'un

---

[8] Jacques Briend, «Israël et Juda», *Supplément au cahier Évangile*, n° 34, Cerf, Paris, 1980, p. 82-84.

oracle de bonheur conditionnel, dépendant de la théologie du Dieu juge de l'Ancien Testament. Ce genre littéraire a pour but d'insister sur une conversion qu'il est urgent de faire. Jérémie n'est pas un devin, mais un homme bien au courant des menaces qui planent sur le pays, et il veut que son roi opte pour une politique de confiance en Dieu seul dans le respect de la Loi. Il juge que le refus d'accepter l'invasion et la déportation de 597 A.C. démontre que ses concitoyens n'ont aucunement l'intention de changer de conduite. Aussitôt que les Babyloniens seront partis, ils retomberont dans leurs erreurs.

d) Actualisation et intégration

Comment redire le texte de Jr 27-29 sans lui être infidèle? S'il est vrai, comme le genre littéraire «oracle de bonheur» porte à le croire, que Jr 27-29 vise surtout la conversion, nous pouvons redire le message de Jérémie de la façon suivante:

La personne qui a bâti son propre enfer doit reconnaître sa responsabilité et se convertir. Si elle le fait, elle renouera avec des valeurs qui la rapprocheront de nouveau de Dieu et de ses frères pour son plus grand bonheur.

Il faut arrêter de colporter une image de Dieu colérique qui aime à tirer vengeance de la personne fautive. Il ne conduit pas en exil, mais c'est une conduite dictée par des valeurs éloignant du commandement de l'amour qui en est la cause. La chute de Jérusalem, comme celle de Samarie, nous en donnent deux exemples des plus probants.

2. Étude d'Ézéchiel 37,1-14

a) Critique du genre littéraire

La théologie d'Ézéchiel aidera Israël à vivre les souffrances de l'exil. Ce prêtre devenu prophète, qui a subi lui-même la déportation à Babylone, propose de rechercher des signes susceptibles de faire reprendre confiance. Ce texte est lui aussi un oracle de bonheur collectif. L'intention de son auteur est manifestement de redonner confiance en un retour possible en Terre promise pour qu'ainsi l'Alliance puisse survivre.

b) *Milieu de vie et message*

Écrit après la chute de Jérusalem en 587 A.C., alors que le prophète est en déportation à Babylone, le message d'Éz 37, 1-14 est très clair : il y a de l'espoir pour le peuple juif. Il revivra, c'est-à-dire qu'il retrouvera son rang parmi les autres nations et reviendra en Terre sainte. Depuis 587 A.C., Israël n'existe plus comme peuple, car Nabuchodonosor en a fait une province babylonienne.

La vision des ossements desséchés exprime la pensée du prophète d'une façon très symbolique. Heureusement, le texte en donne lui-même une explication. En effet, Éz 37, 1-14 se divise en deux parties :

vv. 1-10 : la vision des ossements desséchés
vv. 11-14 : l'explication de la vision : une espérance pour les Juifs.

Dans les vv. 1-10, la vallée pleine d'ossements représente la terre promise qui n'est plus habitée par le peuple choisi. Le peuple juif est bien mort, il n'a plus de capitale, plus de territoire et plus d'institutions civiles ou religieuses. Ce n'est pas par hasard qu'Ézéchiel a choisi de dire cette réalité à partir de la symbolique des ossements desséchés car, pour les Juifs, une personne vivante habite un corps capable de la mettre en relation avec les autres et avec Dieu. Or, la réalité qui est vécue en exil à Babylone est celle d'un peuple qui se sent rejeté par Yahvé, méprisé par les autres nations et incapable d'espérance d'avenir. La vision convient donc parfaitement à la situation. Il ne faut pas se surprendre que Dieu lui-même doive redonner confiance aux siens en faisant pousser la chair sur les os desséchés.

L'explication de la vision (vv. 11-14) ne laisse guère de place à l'erreur. Le v. 11 signale tout de suite que les ossements desséchés représentent le peuple juif découragé et sans espérance, en exil à Babylone. Cependant, Yahvé veut redonner confiance à ces personnes. Il leur fait dire qu'il veut les faire sortir de leurs tombeaux, c'est-à-dire de Babylone. L'initiative viendra de Dieu, car les Juifs sont trop désespérés pour tenter quoi que ce soit. Au v. 14, il va même jusqu'à mettre en eux son esprit pour que ces gens puissent vivre et retrouver confiance.

Dieu seul peut redonner confiance à son peuple désespéré

Ézéchiel ne peut annoncer cette restauration nationale que grâce à une expérience spirituelle où Dieu a pris toutes les initiatives car, après la destruction de Jérusalem, rien ne justifie une telle annonce. En effet, le message du prophète précède de plusieurs années les événements historiques qui justifieront les adeptes de la théologie de l'Ancien Testament à voir de nouveau leur Dieu à l'œuvre dans l'histoire pour les venger. Ce n'est pas avant 547 A.C. qu'une importante victoire de Cyrus permettra aux Juifs d'espérer un changement de l'échiquier politique de ce temps-là[9].

La vision d'Ézéchiel constitue une nouveauté par rapport à la théologie vétérotestamentaire. Il ne cherche plus à baser sa foi à partir de la lecture des événements de l'histoire favorables aux Juifs. Il enseigne plutôt à découvrir Dieu présent dans une relation intime, mais non moins réelle. Éz 10, 18-22 qui rapporte la vision de la gloire de Yahvé quittant le Temple, signifie que Dieu accompagne le Peuple là où il se trouve et partage réellement la vie des siens, même dans les difficultés. Elle illustre bien la spiritualisation de la foi juive à l'époque de l'exil[10].

---

[9] Ceci est confirmé par les textes d'Esdras 1-2 et Néhémie 1-4 qui affirment que le Seigneur agit par l'intermédiaire de Cyrus pour écraser les ennemis du peuple choisi.

[10] Jérémie aussi prône une foi plus personnelle, une foi basée sur la personne de Dieu plutôt que sur des œuvres sensationnelles faites au profit de tout le peuple juif. C'est le témoignage que nous pouvons retirer du récit de la vocation renouvelée en Jr 15, 10-21.

c) Actualisation et intégration

Replaçons ces événements dans une vie de foi aujourd'hui...

Encore une fois nous devons constater que nous ressemblons beaucoup au peuple juif. Comme lui, nous ne voulons pas reconnaître que nos actions puissent nous attirer des ennuis; comme lui, après avoir vécu un événement contrariant, nous reportons la responsabilité sur le Seigneur, disant qu'il nous a punis pour nos fautes, alors que nous n'avons pas été capables de prendre nos responsabilités.

Les textes de Jérémie et d'Ézéchiel nous montrent qu'à l'époque de l'Ancien Testament on n'avait pas encore réussi à dissocier le domaine religieux du domaine profane. C'est le Seigneur qui est source de toutes les bénédictions et de tous les malheurs, suivant la Loi de l'Alliance. Il en résulte que si les choses vont bien dans le pays, c'est que Dieu est content de la conduite des Juifs; si c'est le contraire, c'est que des fautes ont été commises et qu'il a dû punir les coupables. Le message des prophètes est encore utile, mais nous devons le rendre apte à remettre notre monde en question; nous devons l'actualiser, sans le trahir, pour un peuple qui ne croit plus que tout arrive, bénédiction ou malédiction, à cause d'un simple manquement à une loi, aussi divine soit-elle.

Que faire quand on a tout perdu?

Comme le peuple juif, nous refusons souvent d'accueillir les deuils, les échecs et les souffrances que la vie nous impose. Puisque Dieu nous a bénis un jour, il va toujours le faire, pense-t-on. C'est ainsi qu'on en vient à ne plus remettre en question notre façon d'agir. Nous pensons que notre pratique religieuse va nous éviter le malheur, et lorsque tout s'écroule, nous nous imaginons que la crise est une erreur de parcours. Alors nous interrogeons nos prophètes, nous leur demandons des messages encourageants, nous cherchons par tous les moyens à éviter de nous reconnaître pécheurs, c'est-à-dire loin de l'amour de Dieu et des autres. Puis, nous en venons à croire que le Seigneur nous punit et nous éloigne de lui, ce qui nous fait passer par toutes sortes de sentiments : colère, mépris, désespoir, car il nous semble que notre vie soit un échec.

La première réaction positive consiste à faire un retour sur le passé pour comprendre ce qui nous est arrivé, tout comme l'a fait Ézéchiel pour le peuple juif. Suite à cette réflexion, nous pouvons plus facilement prendre notre part de responsabilité dans les événements qui sont survenus et ainsi être en mesure de redécouvrir un Dieu présent dans notre expérience de vie malgré les difficultés. Cette réflexion fait naître une espérance nouvelle qui transforme la vision négative qui s'était imposée à nous. Nous sommes alors capables de reconnaître une vie nouvelle qui se propose à nous, même si elle n'est pas souvent colorée comme nous la voudrions. Ainsi, cette vie, que l'Esprit nous aide à accueillir, nous oblige à transformer notre façon de concevoir Dieu pour nous ajuster à la nouvelle réalité que nous vivons.

Quel est le message de nos prophètes dans les moments d'échec?

Devant des situations douloureuses importantes, les prophètes d'aujourd'hui livrent un message qui ressemble beaucoup à ceux de Jérémie et d'Ézéchiel.

Le refus d'aimer et de se laisser aimer révèle que la vie moderne se base souvent sur des valeurs très matérialistes qui empêchent de vivre le bonheur que procure une relation personnelle et vraie avec Dieu et les autres. Le bonheur véritable se trouve dans l'accueil des signes de la présence du Seigneur dans notre expérience de vie actuelle.

Point n'est besoin que nos prophètes lancent des messages alarmants, Dieu continue de nous accompagner malgré les difficultés de «l'exil» que nous vivons ou que vit notre société. Il ne nous punit pas, mais il demande une conversion immédiate. Jérémie et Ézéchiel nous donnent l'occasion de constater que les prophètes ne sont pas des devins, mais des messagers d'un Dieu qui nous accompagne et qui nous soutient de ses signes parce qu'il nous aime et veut notre bonheur. Pour en arriver à le découvrir sous ce jour, il nous faut abandonner une foi basée sur les lois et sur l'image du Dieu de l'Ancien Testament.

Un résumé des messages prophétiques pour aujourd'hui

Avant la rupture ou le malheur (l'exil), le message de nos prophètes est le suivant:

Changeons notre système de valeurs qui nous conduit au malheur, car il nous éloigne de Dieu et des autres.

En pleine rupture ou dans le malheur, leur message change et peut se dire ainsi:

Nos valeurs nous ont éloignés de Dieu et des autres. Reconnaissons-le et recherchons les signes qui nous rapprocheront d'eux.

Comment éviter de vivre un exil?

Puisque «l'exil» arrive souvent à l'âge mûr, la meilleure façon de l'éviter c'est d'être fidèle à Dieu et à soi-même. Le reste (le culte, les lois et les coutumes qui sont rattachés à la foi) est secondaire et doit toujours être remis en question. Il est donc impérieux de rechercher Dieu à partir de ce qui arrive dans le présent de notre expérience de vie et non pas à partir de ce qu'on attend ou espère de lui, ni de ce que d'autres disent avoir reçu de lui. Si nous accueillons la vie, avec ses hauts et ses bas à chaque jour, il est fort possible que nous n'ayons jamais à vivre de souffrances que nous nous serions attirées nous-mêmes, comme ce fut le cas des Juifs lors de l'exil à Babylone[11].

---

[11] Nous ne parlons pas ici du cas de la souffrance injuste qui sera le sujet du chapitre X de ce volume.

Pour continuer votre réflexion

— Avez-vous déjà vécu une expérience de vie où tout semblait s'écrouler autour de vous et en vous? Un deuil difficile à accepter, une perte sévère, etc.

— Avez-vous réussi à identifier ce qui vous a conduit là? Cela dépendait-il de vous, des autres, de circonstances purement accidentelles, de politiques injustes?

— Combien de temps avez-vous mis à accueillir ce qui vous arrivait? Durant ce temps, vous êtes-vous senti coupable, puni par Dieu ou rejeté par les autres?

— Sur quoi vous êtes-vous appuyé pour trouver l'espérance qui conduit vers une vie nouvelle?

— Si nous élargissons le cadre de cette réflexion, qu'est-ce qui a conduit notre société à une recherche si marquée des valeurs axées sur le matériel? Croyez-vous qu'il existe dans notre société des valeurs sur lesquelles nous pourrions nous baser pour bâtir un monde meilleur?

Bibliographie

Amsler, S., « La parole visionnaire des prophètes », *Vetus Testamentum*, n° 31, 1981, pp. 359-363.

Amsler, S., et autres, *Les prophètes et les livres prophétiques*, Desclée, Paris, 1985, 365 p.

Asurmendi, J., « Amos et Osée », *Cahier Évangile*, n° 64, 1988, 59 p.

Besnard, A.M., « La chance de vivre en période d'incertitude », *Vie spirituelle*, n° 127, 1973, pp. 774-782.

Blaquart, J.-L., « Parole de Dieu et prophètes d'Amos à Ézéchiel », dans *L'Ancien Testament. Approches et lectures*, 1977, pp. 15-30.

Cunchillos, J.-L., *La Bible. Première lecture de l'Ancien Testament I- Le prophète Osée: le langage de l'amour*, Beauchesne, Paris, 1974, surtout les pp. 139-147.

Dion, P.-E., « Le message moral du prophète Amos s'inspirait-il du « droit d'alliance » ?, *Science et Esprit*, n° 27, 1975, pp. 5-34.

Gibert, P., «Vrai et faux prophète», *Lumière et vie*, n° 165, 1983, pp. 21-30.

Martin-Achard, R. «La prédication d'Amos», *Études théologiques et religieuses*, n° 41, 1966, pp. 13-19.

Monloubou, L., «Les prophètes de l'Ancien Testament», *Cahier Évangile*, n° 43, Cerf, Paris, 1983, 63 p.

Quilici, A., «Et quand le présent est inacceptable?», *Vie spitituelle*, n° 130, 1976, pp. 836-859.

Renaud, B., «Le livret d'Osée 1-3. Un travail complexe d'édition», *Revue de sciences religieuses*, n° 56, 1982, pp. 159-178.

Vesco, J.-L., «Amos de Teqoa, défenseur de l'homme», *Revue biblique*, n° 87, 1980, pp. 481-513.

Vogels, W., «Osée-Gomer car et comme Yahweh-Israël (Os 1-3)», *Nouvelle revue théologique*, n° 113, 1981, pp. 711-727.

Neuvième chapitre

LE RETOUR D'EXIL

Israël est loin de chez lui en déportation à Babylone. Rien n'existe plus de tout ce qui faisait sa fierté, car Jérusalem est détruite, le Temple a été brûlé et la royauté n'est plus qu'un rêve. En un mot, les Juifs ont tout perdu et se sentent abandonnés de Dieu. Ils croient qu'il a renié son Alliance et qu'il n'y a plus d'espoir pour eux. Pour un peuple habitué à reconnaître les bénédictions divines dans les biens matériels et dans le prestige de la nation, il y a bien des raisons d'être inquiet. Cependant, voilà que les choses bougent: Babylone est ébranlée par la Perse, une puissance qui prend de plus en plus d'importance. Est-ce là un signe qui permette de penser que Dieu aime toujours Israël? Est-ce là une source d'espérance qui puisse sortir les Juifs de leur culpabilité et leur redonner le dynamisme nécessaire pour rebâtir une nouvelle relation avec Dieu? C'est ce que croit le Deutéro-Isaïe.

Rappelons les événements de l'histoire sainte...

Nous avons peu d'information sur les conditions dans lesquelles Israël a vécu l'exil. L'étude de Jr 27-29 nous a permis de comprendre que les Juifs n'étaient pas prisonniers boulet au pied, mais qu'ils pouvaient participer à la vie économique et sociale de la ville de Babylone. Après le règne de Nabuchodonosor II, le déclin de Babylone commence à devenir de plus en plus visible. Nabonide, un de ses successeurs, parvient à s'imposer, mais ses négligences dans le culte du dieu Mardouk le rendent très impopulaire. Cela provoque des tensions dans le pays.

Cyrus, le roi des Perses, sans doute conscient de cette situation, passe près de Babylone sans l'attaquer après sa victoire contre Crésus, roi de Lydie, en 547 A.C. Il préfère attendre que le mécontentement populaire provoque la chute de Nabonide et livre l'empire babylonien entre ses mains en 539 A.C.

Selon Isaïe 40-55, c'est la montée de l'influence perse qui fait croire à certains Juifs que le Seigneur a recommencé à agir en faveur de son peuple. Selon lui, les péchés du Peuple sont expiés, car Jérusalem a reçu une double punition (Is 40, 1-2) et parce qu'il voit en Cyrus un envoyé de Dieu pour libérer Israël (Is 44, 28 — 45, 1). Le créateur de l'univers n'a-t-il pas la puissance nécessaire pour faire en sorte que les siens reviennent chez eux pour y vivre en paix (Is 43, 1b-3a)? Cependant, plusieurs personnes sont incapables de percevoir des signes de salut dans l'histoire, car elles se pensent punies par le Dieu de l'Ancien Testament, dont la colère contre les pécheurs s'étend sur des générations et des générations (Ex 20, 5). Il semble que le désir de pardonner de Dieu ne soit pas accessible à tous. Serait-ce parce que la culpabilité des exilés les empêche d'être sensibles aux signes d'amour qu'il leur laisse?

> «Cherchez Yahvé pendant qu'il se laisse trouver,
> invoquez-le pendant qu'il est proche.
> Que le méchant abandonne sa voie
> et l'homme criminel ses pensées,
> qu'il revienne à Yahvé qui aura pitié de lui,
> à notre Dieu car il est riche en pardon.
> Car vos pensées ne sont pas mes pensées,
> et mes voies ne sont pas vos voies,
> oracle de Yahvé[1].»   (Is 55, 6-8)

Il faudra que les événements historiques viennent donner raison aux prophètes qui avaient senti le pardon de Yahvé pour que les plus sceptiques découvrent sa miséricorde sans limites. En 538 A.C., Cyrus, roi de Perse, nouveau maître de Babylone, permet aux Juifs de retourner en Terre sainte et d'y reprendre

---

[1] Le texte des citations tirées du deutéro-Isaïe provient de *La Bible de Jérusalem.*

leur vie nationale. Voici le texte officiel de l'édit royal tel qu'on le trouve en Esdras 1, 2-3 :

> « Ainsi parle Cyrus, roi de Perse : Yahvé, le Dieu du ciel, m'a remis tous les royaumes de la terre, c'est lui qui m'a chargé de lui bâtir un Temple à Jérusalem, en Juda. Quiconque, parmi vous, fait partie de son peuple, que son Dieu soit avec lui ! Qu'il monte à Jérusalem, en Juda, et bâtisse le Temple de Yahvé, le Dieu d'Israël... »

1. Étude de la théologie du Deutéro-Isaïe[2]

Le Deutéro-Isaïe écrit donc à une époque où la montée de la puissance perse permet aux exilés de croire que la fin de leur malheur approche. Cette opinion n'est pas très répandue, car plus nombreuses sont les personnes, complètement découragées, n'attendant plus rien de Yahvé qui, selon elles, les a laissées tomber. Dans ce contexte très difficile, les chapitres 40 à 55 visent à faire découvrir la parole que Dieu adresse aux siens. Dans un premier temps, Isaïe commence par réaffirmer la puissance du créateur de l'univers, pour redonner confiance à Israël.

> « Ne le saviez-vous pas ? Ne l'entendiez-vous pas dire ?
> Ne vous l'avait-on pas annoncé dès l'origine ?
> N'avez-vous pas compris la fondation de la terre ?
> Il trône au-dessus du cercle de la terre
> dont les habitants sont comme des sauterelles,
> il tend les cieux comme une toile,
> les déploie comme une tente où l'on habite.
> Il réduit à rien les princes,
> il fait les juges de la terre semblables au néant. »   (Is 40, 21-23)

Ensuite, il déclare que Yahvé a élu Israël une fois pour toutes et qu'il veut son bonheur pour toujours.

---

[2] On désigne sous ce nom l'auteur des chapitres 40-55, qui semble être un disciple anonyme d'Isaïe, qui a vécu près de deux siècles après le premier Isaïe. Cf. *La Bible de Jérusalem*, p. 1078-1079.

«Ton créateur est ton époux,
Yahvé Sabaot est son nom,
le Saint d'Israël est ton rédempteur,
on l'appelle le Dieu de toute la terre.
Oui, comme une femme délaissée et accablée, [...]
Un court instant je t'avais délaissée,
ému d'une immense pitié, je vais t'unir à moi.
Débordant de fureur, un instant,
je t'avais caché ma face.
Dans un amour éternel, j'ai eu pitié de toi, [...]
Je jure même de ne plus m'irriter contre toi,
de ne plus te menacer.
Car les montagnes peuvent s'écarter
et les collines chanceler,
mon amour ne s'écartera pas de toi,
mon alliance de paix ne chancellera pas,
dit Yahvé qui te console.»   (Is 54, 5-6a, 7-8ab, 9b-10)

Enfin, pour éviter que certains ne soient enclins à voir en Cyrus,
roi perse, un personnage plus important que Yahvé, le Deutéro-
Isaïe explique qu'il n'est que l'instrument dont Dieu se sert pour
libérer son Peuple de la main des Babyloniens.

«Ainsi parle Yahvé à son oint,
à Cyrus dont j'ai saisi la main droite,
pour faire plier devant lui les nations
et désarmer les rois,
pour ouvrir devant lui les vantaux,
pour que les portes ne soient plus fermées.
C'est moi qui vais marcher devant toi, j'aplanirai les hauteurs,
je briserai les vantaux de bronze,
je ferai céder les verrous de fer
et je te donnerai des trésors secrets,
des richesses cachées,
afin que tu saches que je suis Yahvé,
celui qui t'appelle par ton nom,
le Dieu d'Israël.
C'est à cause de mon serviteur Jacob et d'Israël mon élu
que je t'ai appelé par ton nom,
je te donne un titre, sans que tu me connaisses.
Je suis Yahvé, il n'y en a pas d'autre,
moi excepté, il n'y a pas de Dieu.»   (Is 45, 1-5a)

C'est pour cela que le Deutéro-Isaïe appelle les siens à la joie, même s'ils sont encore en plein exil vers 540 A.C.

«Cieux, criez de joie, terre exulte,
que les montagnes poussent des cris,
car Yahvé a consolé son peuple,
il prend en pitié ses affligés.
Sion avait dit: «Yahvé m'a abandonnée;
le Seigneur m'a oubliée.»
Une femme oublie-t-elle son petit enfant,
est-elle sans pitié pour le fils de ses entrailles?
Même si les femmes oubliaient,
moi, je ne t'oublierai pas.»   (Is 49, 13-15)

Quelle est la réaction du Peuple face aux oracles de bonheur d'Isaïe 40-55?

La réaction du Peuple est cependant très peu enthousiaste: les gens sont découragés et déçus de Yahvé. Pour eux, Cyrus est tout simplement un roi païen qui réussit très bien ce qu'il entreprend. Ils ne comprennent pas encore pourquoi ils ont été exilés et ne veulent pas l'accepter. C'est pour cela que le prophète doit leur rappeler que tous leurs malheurs ont leur origine dans leurs manquements à la Loi. Ce n'est que justice s'ils se sont retrouvés en déportation, c'est la conséquence de leurs choix.

«Sourds, entendez! Aveugles, regardez et voyez!
Qui est aveugle si ce n'est mon serviteur?
qui est sourd comme le messager que j'envoie?
Tu as vu bien des choses, sans y faire attention.
Ouvrant les oreilles, tu n'entendais pas.
Yahvé a voulu, à cause de sa justice,
rendre la Loi grande et magnifique,
et voici un peuple pillé et dépouillé...»   (Is 42, 18-19a, 20-22a)

Ce texte d'Isaïe reprend les expressions mêmes des exilés et permet d'entendre le cri de leur plainte:

143

«Qui donc a livré Jacob au spoliateur et Israël aux pillards?
N'est-ce pas Yahvé...   (Is 42, 24a)

Face à tant de souffrances et de douleurs, le Deutéro-Isaïe ne peut que répéter inlassablement son message: Yahvé n'a pas abandonné les siens, il les a tout simplement punis à cause de leurs fautes comme la Loi l'exige. Maintenant il a effacé les crimes de son peuple et a décidé de le bénir de nouveau.

«Souviens-toi de cela, Jacob,
et toi Israël, car tu es mon serviteur.
Je t'ai modelé, tu es pour moi un serviteur,
Israël, je ne t'oublierai pas.
J'ai dissipé tes crimes comme un nuage
et tes péchés comme une nuée;
reviens à moi, car je t'ai racheté.
Criez de joie, cieux, car Yahvé a agi...   (Is 44, 21-23a)

Cette confiance inébranlable en un Dieu sauveur permet au prophète d'appeler les Juifs à profiter du salut qui leur est offert.

«Sortez de Babylone, fuyez de chez les Chaldéens,
avec des cris de joie, annoncez, proclamez ceci,
répandez-le jusqu'aux extrémités de la terre,
dites: Yahvé a racheté son serviteur Jacob.
Ils n'ont pas eu soif quand il les menait dans les déserts,
il a fait couler pour eux l'eau du rocher...   (Is 48, 20-21a)

La fin de la captivité, que la puissance grandissante de Cyrus et les divisions à l'intérieur de la Babylonie laissent entrevoir, est interprétée comme un nouvel exode, un geste d'amour de Dieu.

«Ne vous souvenez plus des événements anciens,
ne pensez plus aux choses passées,
voici que je vais faire une chose nouvelle,
déjà elle pointe, ne la reconnaissez-vous pas?
Oui, je vais mettre dans le désert un chemin,
et dans la steppe, des fleuves. [...]
Le peuple que je me suis formé
publiera mes louanges.»   (Is 43, 18-19, 21)

Il n'est pas facile de reprendre confiance quand on a tout perdu et qu'on se sent abandonné. Les paroles encourageantes sont rejetées et les messagers de Dieu sont repoussés, car on ne veut plus souffrir davantage et on préfère demeurer dans l'isolement plutôt que de se faire blesser par des fausses espérances. Il faut vraiment aimer les Juifs et vouloir qu'ils reconnaissent en Yahvé un Dieu bon et juste, pour s'exposer au feu de leur amertume, comme le fait le Deutéro-Isaïe.

Que dit un vrai prophète à des gens qui souffrent aujourd'hui?

Nous ne pouvons endosser le message du Deutéro-Isaïe tel qu'il se présente à nous, car l'image d'un Dieu lié par la Loi ne convient plus à celui que Jésus nous a révélé, à cet être dont le pardon est sans limites. Nous pouvons reprendre la théologie d'Is 40-55 pour aujourd'hui en mettant entre parenthèses la partie de son message où il est dit que Dieu a puni le Peuple pour ses fautes, en accord avec les prescriptions de la loi juive.

Quand nous sommes plongés dans les ténèbres et la souffrance, où un mauvais choix de valeurs et de mauvaises décisions nous ont conduits, accueillons les signes que Dieu donne. Le Seigneur ne nous abandonne jamais, c'est nous qui nous éloignons de lui et des autres.

2. Conclusion sur le prophétisme

En terminant le cycle : menaces d'exil, exil et retour d'exil, il est opportun de conclure l'ensemble des témoignages prophétiques des trois derniers chapitres pour comprendre comment les messagers de Dieu ont parlé au peuple juif. Cette démarche permettra aussi de saisir nos responsabilités personnelles et sociales dans des situations d'échec.

a) Un premier moment : avant un échec

Dans un premier temps, le prophétisme avertit la population du Royaume du nord que c'est sa conduite qui amènera le roi de l'Assyrie à s'emparer de son Royaume. Amos et Osée affirment que ce sont les injustices sociales, les violences et les infidélités religieuses qui ont provoqué la colère divine, la destruction de leur pays et la déportation par delà Damas. Le message d'Amos, écrit avant 743 A.C., à une époque où les choses ne vont pas encore si mal pour Samarie, est assez radical. Il insiste beaucoup sur le besoin d'une conversion immédiate, allant même jusqu'à dire que la punition de Yahvé est déjà enclenchée (Am 5, 2) et il n'insiste pas beaucoup sur la possibilité de pardon. Osée, ayant vécu le début de l'effondrement d'Israël, ne peut éviter de prédire une période difficile, mais il ajoute que Dieu pardonnera et bénira le Peuple dès qu'il se sera converti.

Nous ne pouvons redire ces prophéties sans les adapter à notre contexte culturel. Il faut oublier la théologie de l'Ancien Testament pour nous rapprocher du Dieu amour de Jésus, qui ne se révèle pas dans les bénédictions matérielles mais dans une relation intime où c'est sa présence qui est primordiale. Dans ces conditions, le message d'Amos devient: «Convertissez-vous, sinon vos mauvais choix de valeurs vous éloigneront de Dieu et des autres et vous vous punirez vous-mêmes.» Par ailleurs celui d'Osée se lirait ainsi: «Votre refus de changer de conduite vous conduira à vivre un exil. Ce n'est pas Dieu qui en est responsable, mais votre propre choix de valeurs. Convertissez-vous, Dieu vous a déjà pardonné.»

b) Un second moment: en pleine crise

Jérémie et Ézéchiel expriment la réflexion de ceux qui vivent en pleine crise. Pour ces deux prophètes, les raisons qui expliquent la fin de Juda sont les mêmes: les injustices sociales, les violences et les infidélités religieuses. En 589 A.C., tout juste avant la chute de Juda en 587 A.C., Jérémie (Jr 27-29) écrit aux exilés à Babylone que l'exil sera long, qu'ils doivent se résigner à s'installer et qu'ils auraient intérêt à ne pas écouter ceux qui en annoncent la fin pour bientôt. Après 587 A.C., il prônera une nouvelle théologie, qu'Ézéchiel partage et qu'il rapporte mieux que quiconque parce qu'il a vécu la dure réalité de la captivité à Babylone. Pour lui (Éz 37, 1-14), l'exil a été voulu par Dieu pour que le peuple se convertisse, et que de cette conversion naisse une nouvelle alliance. Cependant, pour que le peuple puisse accepter ce message, il doit réviser son ancienne théologie. C'est ainsi que la responsabilité des fautes devient individuelle. Les exilés n'expient donc pas les fautes des autres, mais les leurs, et ceux qui se convertissent seront sauvés. Sans cette individualisation de la rétribution, jamais le Peuple n'aurait repris espoir, car ne lit-on pas en Ex 20, 5 : «... je suis un Dieu jaloux qui punira la faute des pères sur les enfants, les petits-enfants et les arrière-petits-enfants...»

Leur message doit être adapté à notre temps, car même si leur théologie a évolué, Jérémie et Ézéchiel continuent toujours de vivre leur foi selon la mentalité de l'Ancien Testament où Dieu juge et applique la Loi. Pour adapter leurs messages à la lumière de la révélation de Dieu faite par Jésus, on doit présenter les textes de Jérémie comme un appel à ne pas se cacher la réalité et à reconnaître ses erreurs pour revenir à Dieu et renouer avec le bonheur. Quant aux oracles d'Ézéchiel, ils devraient confirmer à la personne vivant une situation douloureuse qu'elle peut être sûre que le Seigneur ne l'a pas punie et qu'il continue de l'aimer malgré les apparences.

c) Troisième moment : quand l'espoir renaît.

Enfin, le contenu du livre du Deutéro-Isaïe, écrit vers 550 A.C., témoigne d'une époque où les événements historiques permettent au prophète de croire que Yahvé a recommencé à s'occuper de son peuple. En effet, le roi des Perses ébranle la puissante Babylonie et l'auteur anonyme du Deutéro-Isaïe est sûr que le salut est proche. Son message confirme la théologie de l'Ancien Testament : Dieu a puni les fautes des siens et maintenant le pardon arrive puisqu'ils ont expié. Son message laisse entrevoir le Dieu-juge qui ne peut laisser passer aucune faute.

Cette théologie doit être ajustée à celle de Jésus qui dit que Dieu ne se venge pas, ne se fâche pas et ne punit pas. Il en découle alors que la personne qui revient au Père doit le faire sans gêne, car le pardon qu'elle espère, elle le possède déjà. Pour se convaincre de la justesse de cet énoncé, il suffit de relire la parabole du fils prodigue (Lc 15, 11-32) qui dit tout simplement que le pardon de Dieu est sans limites.

Qui sont les prophètes et les prophétesses contemporains?

Le prophétisme de l'Ancien Testament voulait avant tout ramener le peuple juif à une conduite qui tienne compte du grand commandement de l'amour. Les prophètes anciens n'étaient pas des diseurs de bonne aventure qui prédisaient l'avenir, car ils ne révélaient que l'avenir prévisible en interprétant l'histoire de leur pays. Ils ne voulaient pas faire peur, mais ils tentaient plutôt de convertir en insistant sur le fait que les personnes qui ne respectent pas la volonté de Dieu ne peuvent espérer avoir une vie heureuse. Les prophètes d'aujourd'hui, ce sont donc des personnes capables de nous faire réfléchir sur les conséquences prévisibles de nos choix de valeurs. Ils ne veulent pas nous empêcher de vivre heureux, mais, au contraire, ils désirent que nous réussissions à bâtir tous ensemble un monde à la hauteur des attentes du Seigneur.

3. *Étude du récit sacerdotal de la création (Genèse 1, 1 — 2, 4a)*

Il ne faut pas croire que le Deutéro-Isaïe soit le seul à vouloir encourager Israël. Ses contemporains, les théologiens de l'école sacerdotale, souhaitent eux aussi que l'espérance renaisse au sein de ce peuple. C'est pour cela qu'ils n'hésitent pas à réécrire les anciens textes des Écritures dans le but de montrer la puissance du créateur et d'éviter qu'Israël ne sombre dans le désespoir.

a) La critique des sources

Le passage constitué de Gn 1, 1 — 2, 4a présente les caractéristiques propres à la tradition sacerdotale. Les nombreuses répétitions et la grande importance accordée au culte (les luminaires sont là pour indiquer quand célébrer les fêtes religieuses, Gn 1, 14) en sont des exemples[3]. Le thème de la création se présente comme la juxtaposition de deux traditions diffé-

[3] Reportez-vous à l'annexe II à la fin du volume pour connaître les caractéristiques littéraires de la tradition sacerdotale.

rentes, car Gn 2, 4b-25 en rapporte la version yahviste. La juxtaposition de ces deux récits, faite lors de la rédaction finale du texte du livre de la Genèse, établit que la tradition sacerdotale a repris un texte yahviste, datant des environs de 950 A.C., pour l'adapter à la situation du Peuple en exil, alors qu'il n'était pas possible de chanter la force de Yahvé à partir des succès des armées juives. Elle va le faire en montrant en Yahvé le créateur de l'univers, le seul vrai Dieu.

Ces deux témoignages de la puissance de Dieu présentent de nombreuses divergences.

— Les deux récits ne décrivent pas la création de la même façon. Dans le texte yahviste, Yahvé fait apparaître la vie en arrosant un monde où tout est sec, alors que la tradition sacerdotale voit Dieu séparer le sec de l'eau. Pour le premier, la terre est comparable à une oasis dans un immense désert (Gn 2, 4b-6), tandis que le second la compare à un îlot sur l'océan (Gn 1, 6-10).

— Le texte sacerdotal divise le travail de Dieu en six jours : premier jour, séparation de la lumière et des ténèbres; deuxième jour, séparation des eaux d'en bas et des eaux d'en haut; troisième jour, même traitement pour la terre et l'eau, et création de la verdure; quatrième jour, création des luminaires; cinquième jour, création de la vie dans l'eau et dans le ciel; sixième jour, création de la vie sur terre (animaux et êtres humains, homme et femme). Le tout se termine par la mention du repos le septième jour, ce qui manifeste l'attachement sacerdotal au jour du sabbat. De son côté, le texte yahviste organise les choses beaucoup plus simplement. Le travail de création n'est pas divisé en journées et on ne parle pas non plus de repos pour Yahvé. On dit simplement que l'homme fut modelé à partir de glaise et qu'il fut placé au jardin. Après, Dieu fit pousser les arbres et ensuite créa les animaux auxquels l'homme a donné un nom. Ce n'est qu'à la fin qu'arrive la création de la femme à partir d'une côte de l'homme.

Ces divergences dévoilent que l'intention des auteurs des récits de la création n'était pas de donner un texte scientifique, expliquant comment Dieu s'y était pris pour créer le monde. Ce qui est encore plus déconcertant pour l'esprit scientifique de notre siècle, c'est de constater que le rédacteur final n'a même pas pris la peine d'harmoniser ou de fusionner les deux traditions qu'il a à sa disposition. Comment expliquer qu'une personne intelligente puisse laisser ainsi côte à côte deux témoignages aussi différents?

b) La critique du genre littéraire

Si nous faisons abstraction de toutes les divergences entre Gn 1, 1 — 2, 4a (le texte sacerdotal) et Gn 2, 4b-25 (le texte yahviste), nous découvrons que ces deux étiologies portent un même message de foi, leurs auteurs respectifs voulant magnifier la puissance et la bonté de Dieu.

c) Message et milieu de vie

À l'époque yahviste, vers 950 A.C., l'auteur de Gn 2, 4b-25 avait écrit son texte pour rendre grâces à Yahvé de tout ce qu'il avait donné à son peuple. Israël était au faîte de sa puissance et il était dangereux que les Juifs pensent qu'ils étaient les seuls responsables, grâce à la puissance de la royauté, de tout ce qui leur arrivait de bon.

L'auteur sacerdotal, qui écrivit Gn 1, 1 — 2, 4a à l'époque de l'exil à Babylone, veut raviver l'espérance en une libération prochaine. Son texte proclame que Yahvé est créateur et maître de l'univers malgré le fait que les Babyloniens semblent bien puissants. C'est sans doute la montée des Perses qui permet d'espérer que bientôt Dieu reprendra son peuple et qu'il le bénira comme avant. Le cauchemar achève, dans quelque temps les Juifs reviendront chez eux, car les jours de l'Empire babylonien sont comptés.

Au plan de la symbolique, le texte de Gn 1, 1 — 2, 4a se rapproche de celui de la sortie d'Égypte. Dans les deux cas, l'auteur sacerdotal demande à Dieu de faire du sec pour que la vie puisse apparaître. En Gn 1, 9-10, Yahvé a séparé l'eau de la terre pour faire le continent, alors qu'en Exode 14, 21ac-22 on lit: «Moïse étendit la main sur la mer [...] toutes les eaux se fendirent. Les Israélites pénétrèrent à pied sec au milieu de la mer, et les eaux leur formaient une muraille à droite et à gauche.» Cette façon de réclamer la séparation de l'eau et de la terre présente la prière de personnes qui attendent une nouvelle sortie d'Égypte pour sortir d'exil et retourner en Terre promise. Les deux récits de la création ne veulent aucunement décrire comment fut créé le monde. L'intention de leurs auteurs fut seulement de dire bien fort la puissance de Yahvé. Ce ne sont pas des textes scientifiques par lesquels leurs auteurs répondent à nos légitimes questions sur les débuts de l'univers.

d) Actualisation et intégration

Replaçons ces événements dans une vie de foi aujourd'hui...

La réaction du peuple choisi est encore une fois très éclairante pour toutes les personnes qui cherchent à mieux comprendre ce qu'elles ressentent lorsqu'elles doivent vivre une situation douloureuse importante. Elles croient être abandonnées de Dieu et il leur est totalement impossible de découvrir un signe qui leur permettrait de retrouver un peu d'espérance. Elles semblent se complaire dans le malheur, et ceux qui veulent leur faire identifier des lieux où se dit l'amour de Dieu sont éloignés sans ménagement. La culpabilité les paralyse et les empêche de s'ouvrir aux petits événements qui leur montreraient la tendresse de Dieu qui les accompagne et les accueille comme elles sont.

C'est très souvent longtemps après que nous sommes capables de comprendre que «l'exil» et les deuils qui l'accompagnent nous ont permis de prendre nos responsabilités par rapport au salut. L'exil nous recentre sur la personne de Dieu qui soutient et accompagne, mais qui ne nous empêche pas d'avoir mal quand notre conduite ou nos choix de valeurs nous conduisent à l'échec. L'exemple de l'histoire du peuple juif nous révèle que ce n'est qu'après avoir perdu ce qui emplissait tout notre horizon, que nous redécouvrons les vrais signes de l'amour de Dieu dans ce qui est essentiel à notre bonheur. Dieu ne punit pas ni ne nous envoie des malheurs pour nous faire réfléchir, mais c'est souvent dans la souffrance que nous le redécouvrons lorsque notre révolte s'apaise.

La personne qui est capable de reconnaître ses torts et qui retourne à Dieu a une foi solide. Pour elle, tout peut désormais porter la parole de Dieu, le bonheur comme le malheur. Elle sait que rien n'est sûr, rien n'est définitif, tout se découvre et prend du sens à partir d'une relation d'amitié avec le Seigneur. L'exil permet de faire l'expérience de nos rejets de l'amour de Dieu qui aime malgré tout, qui demeure près de nous même lorsque nous l'oublions, et qui nous accueille avec nos limites.

Pour continuer votre réflexion

— Par quels signes Dieu vous a-t-il manifesté qu'il était avec vous alors que vous viviez un moment très difficile? Comment avez-vous accueilli la première personne qui a tenté de vous aider?

— Auriez-vous cru possible que le Seigneur vienne vous parler de la façon dont il l'a fait?

— Auriez-vous cru possible que les difficultés que vous avez rencontrées allaient vous aider à mieux vivre par la suite? Pouvez-vous dire que les exils que vous avez vécus peuvent porter le nom de nouvelle naissance ou nouvelle création?

— Les situations d'injustice et de misère, que nous rapportent nos journaux, ne constituent-elles pas des paroles de Dieu qui nous appellent à bâtir son Royaume?

Bibliographie

Beaucamp, Évode, «Le Deuxième Isaïe (Is 40,1-49,13) — Problème de l'unité du livre», Revue des sciences religieuses, n° 62, 1988, pp. 218-226.

Beaucamp, Évode, Le livre de la consolation d'Israël, Cerf, Paris, 1991, 255 p.

Bernard, J., «Genèse 1-3: lecture et traditions de lecture», *Mélanges de Sciences religieuses*, n° 43, 2, 1986, p. 57-77.

Brooke, George J., «Creation in the Biblical Tradition», *Zygon*, n° 22, 1987, pp. 227-248.

Colomb, J., *Le devenir de la foi*, Le Centurion, Paris, 1974.

Grelot, P., *Les poèmes du Serviteur. De la lecture critique à l'herméneutique*, Cerf, Paris, 1981, 282 p.

Grelot, P., «Homme qui es-tu? les onze premiers chapitres de la Genèse», *Cahier Évangile*, n° 4, Cerf, Paris, 1973, 62 p.

Louvel, François, «Où est-il ton Dieu?», *Vie spirituelle*, n° 127, 1973, pp. 832-852.

Martin-Achard, R., *Et Dieu créa le ciel et la terre...*, (les chapitres sur Gn 1 et sur Is 40), Labor et Fides, Genève, 1979, 80 p.

Feuillet, André, «La doctrine d'Isaïe», *Études d'exégèse et de théologie biblique, Ancien Testament*, Gabalda, Paris, 1975, pp. 81-95.

Roberts, J.J.M., «Isaiah in Old Testament Theology», *Interpretation*, n° 36, 1982, pp. 130-143.

Ska, J.L., «Séparation des eaux et de la terre ferme dans le récit sacerdotal», *Nouvelle revue théologique*, n° 113, 1981, pp. 512-532.

Dixième chapitre

LE TEMPS DES DOUTES :
LA SOUFFRANCE INJUSTE

Le chapitre précédent constitue le dernier moment d'un cheminement qui nous a fait découvrir toutes les étapes par lesquelles est passée la foi du peuple juif. Nous avons vu naître la foi juive lors du passage de la mer (Ex 14, 10-31) et des événements qui l'ont rendue possible : la vocation de Moïse (Ex 3, 1-4, 9) et les plaies d'Égypte (Ex 7, 8 — 11, 10); nous avons assisté à son développement lors de la marche au désert (Ex 16 et 17), de l'engagement au Sinaï (Ex 19-24) et de l'institution de la royauté (1 S 8-12). Nous l'avons senti se refroidir et quasi disparaître lors de la chute du Royaume du nord (Am 5 et Os 1-3) et de la destruction de Jérusalem (Jr 27-29 et Éz 37, 1-14). Enfin, notre recherche nous a permis de constater sa pénible renaissance due aux interventions des prophètes et des théologiens en exil (Is 40-55 et Gn 1, 1 — 2, 4a). Cependant, ce tour d'horizon des grands thèmes de l'histoire du salut ne serait pas complet si nous ne nous penchions pas sur la souffrance, une réalité de la vie de toute personne, pour lui donner du sens.

Rappelons les événements de l'histoire sainte...

Israël fit cette réflexion sur la souffrance durant le séjour à Babylone et au retour de l'exil, car sa réinstallation ne s'est pas faite sans difficulté. Elle fut marquée par des déceptions et des frustrations nombreuses. Il y eut la résistance des Samaritains, les faibles moyens financiers qu'il avait à sa disposition pour tout rebâtir, ainsi que l'indifférence de plusieurs Juifs qui préférèrent demeurer à Babylone plutôt que de tout abandonner pour revenir au pays. Les livres d'Esdras et de Néhémie décrivent bien les difficiles conditions du retour d'exil marqué par la domination successive de plusieurs nations: les Perses, les Lagides et les Séleucides. Ces derniers tenteront même de détourner les Juifs de leurs coutumes et de leur foi ancestrales pour mieux les assimiler.

Ainsi, la souffrance, une réalité de tous les jours en cette période historique, remet en question la théologie juive officielle et en démontre l'inefficacité en temps de crise. Comment concilier les déclarations de Jérémie et d'Ézéchiel qui affirment le principe de la rétribution individuelle (Jr 31, 29s et Éz 18) avec le fait que des justes souffrent sans raison selon la théologie de l'Ancien Testament? Comment comprendre tout ce qui arrive après ce que le deutéro-Isaïe avait affirmé: Dieu a puni, la faute est expiée et c'est maintenant le temps de la consolation? Le judaïsme a dû trouver une solution à la question que tous posaient: comment Dieu, s'il aime, peut-il permettre la souffrance? L'étude du quatrième chant du Serviteur souffrant ainsi que de quelques passages du livre de Job nous aidera à la reconnaître.

1. *Étude du message du Deutéro-Isaïe*

La souffrance purificatrice et missionnaire

L'œuvre du Deutéro-Isaïe date d'après 547 A.C., alors que Cyrus, roi des Perses, vient de remporter une brillante victoire contre Crésus, roi de Lydie. Celle-ci marque la fin de la domination babylonienne dans la région et certains Juifs, les plus pieux sans doute, reprennent confiance en Yahvé. Ils soutiennent qu'enfin il s'est remis à agir activement pour le plus grand bien de son peuple. On peut penser que l'exil à Babylone prendra fin bientôt et qu'on pourra rentrer en terre promise. Pour l'auteur de cette section du livre d'Isaïe (Is 40-55), l'avenir ne peut être que merveilleux, car il portera la bénédiction de Dieu qui, après avoir fait expier les fautes, donne déjà des signes de son pardon.

La section constituée d'Is 52, 13 — 53, 12 fait partie d'un ensemble de quatre poèmes sur un Serviteur souffrant : Is 42, 1-7 ; 49, 1-9a ; 50, 4-9a et 52, 13 — 53, 12. Une hypothèse identifie ce serviteur à la partie du peuple juif, captif à Babylone, qui est restée fidèle à Yahvé et que l'on veut encourager. Pour le prophète, la vie difficile qu'on impose à Israël ne change en rien le fait que Dieu ait choisi ce serviteur (Is 42, 1) et lui ait donné son Esprit (Is 42, 1). Ainsi, s'il accomplit sa mission qui consiste à rassembler Israël (Is 42, 6), à apporter la lumière aux nations (Is 42, 1-6), à expier les péchés des autres (Is 52, 13 — 53, 12), en un mot à justifier les foules (Is 53, 11), il sera exalté très haut (Is 52, 13). Cependant, c'est dans l'accueil de la souffrance qu'il accomplira ce que le Seigneur attend de lui (Is 53, 1-3, 7-9).

a) La critique du genre littéraire

Le quatrième chant du Serviteur souffrant est une «lamentation», un poème marqué par le rythme de l'élégie funèbre, qu'on appelle «Qînah» en hébreu, et qui est caractérisé par une accentuation spéciale qui révèle la tristesse de l'auteur. L'intention du passage d'Is 52, 13 — 53, 12 est d'expliquer pourquoi Israël vit de si grands malheurs alors qu'il devrait plutôt être béni.

b) Message et milieu de vie

Dans le but de raviver la foi, le Deutéro-Isaïe explique que Dieu, le maître de l'univers, permet tout ce qui arrive aux justes du Peuple dans le but de convertir les infidèles. Il sauve ainsi la théologie de l'Ancien Testament en expliquant comment il se peut que des justes souffrent, alors que les méchants ont la belle vie. Il répond du même coup à la question du pourquoi de la souffrance en lui donnant un sens : elle fait des fidèles les missionnaires dont Dieu se sert pour convertir les incroyants et, si les Juifs s'acquittent de cette tâche loyalement, ils seront récompensés. En somme, la justice de Dieu n'est suspendue que pour un moment, dans le but de propager la confiance en Yahvé. L'approfondissement d'Is 52, 13 — 53, 12 confirme cette nouvelle théologie, très révolutionnaire à l'époque.

Plan d'Isaïe 52, 13 — 53, 12

Is 52, 13-15: Introduction — Cette introduction est faite par Dieu lui-même qui promet l'exaltation de son Serviteur souffrant (les justes du Peuple). Cette annonce de bonheur futur, qui contraste avec la situation du personnage symbolique, montre bien que l'intention de l'auteur est de rendre la souffrance acceptable aux justes.

Is 53, 1-11a: Développement — Il est constitué des aveux d'une foule d'impies qui réfléchissent sur le sort des Juifs. Ce sont tous ceux qui n'ont pas la foi en Dieu, maître de l'univers. Nous constatons que ces personnes reconnaissent que le Serviteur porte leurs fautes pour leur plus grand bien. Elles reconnaissent par le fait même toutes les injustices qu'elles ont pu lui faire subir. Ce texte n'a donc pas été écrit par des infidèles, mais par le deutéro-Isaïe qui prête ses pensées à cette foule soudain convertie.

53, 1: exhortation à la réflexion
Même si cette exhortation est faite par une foule d'incroyants, elle veut amener les Juifs à saisir que la situation présente ne durera pas. Dans peu de temps, Dieu agira de façon à ce que les personnes qui ne le reconnaissent pas changent, et que les justes soient récompensés pour leur fidélité. On remarque là l'intention de l'auteur qui veut redonner courage à ceux qui souffrent alors que, selon la théologie de l'Ancien Testament, ils devraient être bénis.

53, 2-5: naissance et croissance du Serviteur
Le Serviteur (le Peuple fidèle) est sans prestige, car il souffre depuis toujours pour les fautes des autres (vv. 4-5). C'est le résumé de toute l'histoire juive revue par quelqu'un qui cherche à comprendre pourquoi le peuple choisi n'occupe pas une meilleure place par rapport à l'ensemble des nations.

53, 6-8: arrestation et agonie
Les Juifs en exil ou à leur retour d'exil expient pour leurs contemporains. L'auteur évoque d'une façon symbolique

la chute de Jérusalem et la captivité à Babylone qui marque la mort du peuple élu. On retrouve une fois de plus une confession des fautes de la part de la foule (comme en Is 53, 4 et 5) et le rappel que le châtiment, frappant le Serviteur, sert à expier les fautes des autres. Ce sont en fait les paroles de l'auteur du texte, même si elles sont prêtées aux impies.

53, 9-11a : la mort acceptée comme sacrifice expiatoire
Si le Serviteur reste fidèle à Dieu, malgré ce qui semble être une injustice pour la théologie de l'Ancien Testament, il sera récompensé. Il faut que les Juifs demeurent fidèles dans l'épreuve pour que leur sacrifice soit salutaire pour les incroyants. L'auteur croit que le Seigneur demande aux siens de souffrir pour que leur exemple fasse réfléchir les infidèles et les conduise à la conversion. Comment aurait-il pu expliquer autrement la situation présente dans le cadre de la théologie de l'Ancien Testament?

Is 53, 11b-12: Épilogue où Dieu lui-même promet d'exalter le Serviteur — Cet épilogue est mis dans la bouche de Dieu. On y retrouve la confirmation d'une récompense du Serviteur qui aura accepté la souffrance jusqu'au bout pour justifier la multitude. L'auteur veut encourager les personnes qui ne comprennent pas pourquoi elles souffrent. Il le fait à l'intérieur des cadres de la théologie du Dieu-juge. S'il semble qu'il n'y ait pas de justice pour l'instant, c'est parce que Dieu a choisi de se servir des croyants pour convertir les autres. Selon le Deutéro-Isaïe, la justice existe toujours et Yahvé est toujours maître du monde, mais pour l'instant on doit patienter; bientôt viendront des jours meilleurs.

c) Actualisation et intégration

La souffrance missionnaire est-elle possible aujourd'hui?

Dans ce témoignage, nous découvrons le seul sens que puisse prendre la souffrance acceptée dans la foi: servir d'élément déclencheur à une réflexion qui rapprochera de Dieu.

N'est-il pas vrai que la personne qui souffre et reste fidèle, ne peut que faire réfléchir les autres qui se révoltent à la première difficulté. L'exemple du juste les amènera à remettre leur système de valeurs en question et à réorienter leur vie sur l'amour et la confiance en Dieu. Cependant nous ne pouvons redire aujourd'hui le message du Deutéro-Isaïe sans l'actualiser pour notre temps, car il repose sur la théologie de l'Ancien Testament affirmant que Dieu punit et récompense au plan matériel.

Depuis le message de Jésus, il nous est difficile d'accepter que Dieu puisse faire souffrir ceux qu'il aime pour le salut des autres. Certes, notre foi doit faire de nous des missionnaires de l'amour, mais est-ce que ce doit être au prix de nos souffrances? On entend dire: «Dieu éprouve ceux qu'il aime». Mais Jésus a révélé que Dieu ne punit personne et qu'il ne se met pas en colère. Dieu n'est donc pas responsable de la souffrance humaine, mais il peut se servir des événements, bons ou mauvais, («se servir» ne voulant pas dire provoquer!) pour nous laisser des signes de sa présence et de son appui. Rien ne justifie de vivre les moments difficiles comme des punitions pour des fautes. Les jours pénibles font partie de la vie au même titre que les jours de joie. L'important est de développer une relation de foi qui permette d'accueillir toute l'expérience de vie en demeurant fidèle à Dieu, pour que ceux qui ont peur se demandent si, eux aussi, ne pourraient pas trouver la paix en réorganisant leur existence de façon à laisser plus de place à la confiance.

L'accueil de notre existence humaine telle qu'elle est ne requiert-il pas l'aide de Dieu pour dépasser nos limites qui sont souvent la source de tensions nous empêchant de vivre le présent et d'être heureux? Cette capacité de s'épanouir dans la foi, c'est ce que les chrétiens et les chrétiennes appellent «être ressuscité». C'est d'abord et avant tout une transformation intérieure, reposant sur la confiance en Dieu, qui permet d'avoir part à la vie éternelle dès ici-bas. Nous ne prétendons pas que la résurrection se vit pleinement sur terre, nous répétons simplement ce que Paul affirme lorsqu'il écrit que par la foi nous vivons de l'Esprit et qu'ainsi nous avons déjà une part de notre héritage de filles et fils de Dieu (Éph 1, 13-14).

Une seconde modification concerne la récompense formidable que le Deutéro-Isaïe promet au Serviteur souffrant s'il accomplit la volonté de Dieu sans défaillir. Cette promesse de bonheur futur découle de la théologie de l'Ancien Testament, où Yahvé ne peut laisser passer une faute sans punition, ni omettre de récompenser le bien par des bénédictions matérielles (la longue vie, la richesse, la postérité et la bonne réputation).

Depuis la venue du Messie, nous ne pouvons plus soutenir que Dieu récompense les fidèles de cette façon, car il nous a apporté des récompenses spirituelles: la richesse de connaître son Père, la paix par la confiance en Dieu, l'accès à la vie éternelle, etc. Il faut donc développer une foi où les bénédictions attendues du Seigneur sont spirituelles. Ce qui permettra à la personne qui demeure attachée au Seigneur de savoir qu'elle a déjà sa «récompense», puisque sa foi lui permet déjà de vivre en paix et heureuse, sachant qu'à sa mort Dieu la prendra avec lui pour toujours. Même si nous ne devons pas attendre de cadeau en retour de notre fidélité, nous pouvons exprimer nos besoins et nos désirs à notre Père céleste en lui laissant la liberté de répondre là où nous n'aurions jamais cru qu'il puisse nous parler. Alors, comme Isaïe au chapitre 53, 1, nous pourrons dire: «Qui a cru ce que nous entendions dire, et le bras de Yahvé, à qui s'est-il révélé?»

La souffrance missionnaire conduit à la vie éternelle dès ici-bas...

Le texte d'Is 52, 13 — 53, 12 laisse un message très important pour le monde contemporain: la souffrance peut avoir un sens à condition d'accepter qu'à travers elle nous grandissons humainement et que nous nous rapprochons de Dieu. Ce message n'est pas facile à faire passer dans une société axée sur les valeurs matérielles et la vie facile. Cependant l'expérience de vie cessera d'être angoissante si nous acceptons notre condition d'être humain; elle cessera d'être vide si nous apprenons à vivre davantage pour les autres; elle cessera enfin d'être l'antichambre de la mort si nous expérimentons que la foi en Dieu donne une qualité de vie insurpassable parce qu'elle fait participer à la vie éternelle dès ici-bas.

2. Étude du témoignage du livre de Job

Pourquoi la souffrance existe-t-elle?

Le Deutéro-Isaïe a sauvé la théologie de l'Ancien Testament durant l'exil en annonçant que les souffrances du peuple juif lui vaudraient une récompense sans limites. L'exil prend fin, les Juifs retournent en Israël mais leur situation ne s'améliore pas. Ils sont aux prises avec de nombreuses difficultés qui font du retour d'exil un véritable cauchemar. C'est dans ce contexte qu'arrive le témoignage de Job. Il ne se contente plus de chercher un sens à la souffrance, mais pose une question que nous posons toujours: pourquoi la souffrance existe-t-elle?

L'auteur du livre de Job est un inconnu qui a écrit au cours du Ve siècle A.C. À cette époque, le sort de l'individu devient plus important que celui de la nation. Job remet en question la théologie d'Ézéchiel qui promettait une rétribution individuelle où le juste était récompensé et le méchant puni. Il est toujours difficile de dire qui est Job. Une hypothèse souvent retenue consiste à l'identifier au peuple juif, revenu en Israël, qui désespère de retrouver sa prospérité d'avant l'exil à Babylone. L'étude de Jb 29, 1 — 42, 6 permettra de cerner sa réponse au pourquoi de la souffrance.

a) La critique des sources[1]

Avant de lire le texte de Jb 29, 1 — 42, 6, il convient de l'émonder des surcharges qui rendraient sa lecture difficile, à partir des observations suivantes:

1. Le monologue de Job (Jb 29, 1 — 31, 40b) se termine sur un appel. Job attend une réponse de Shaddaï (Dieu).

2. Jb 32-37: le discours d'Elihu, ne constituant pas cette réponse tant attendue, n'est qu'une longue insertion qui retarde le déroulement de l'histoire.

---

[1] Cette critique des sources rapporte l'hypothèse défendue par J. Levêque dans *Job et son Dieu*, Gabalda, Paris, 1970, surtout pp. 449-523.

3. La suite de Jb 31 se trouve plutôt en Jb 38, où arrive enfin la réponse de Dieu.

4. Jb 38, 1 — 42, 6 ferait partie du livre primitif où seul Dieu connaît la réponse à la souffrance. Une section du livre écrite avant l'apparition des théologiens qui tentent de culpabiliser Job en lui cherchant une faute qui expliquerait sa triste situation. Cependant Jb 38, 1 — 42, 6 est surchargé par deux textes:
   i) le Béhémot Jb 40, 15-24.
   ii) le Léviathan Jb 40, 25 — 41, 26

5. De plus, il semble que le discours de Yahvé et l'aveu de Job aient été écrits en un seul morceau au départ. Ce n'est que plus tard qu'ils seront dédoublés, comme ils apparaissent présentement dans le texte du livre de Job. Voici le texte du discours de Yahvé et de l'aveu de Job:
   Discours de Yahvé: Jb 38; 39; 40, 2, 7-14
   Aveu de Job: Jb 40, 3-5; 42, 2-3, 5-6

Ce travail de critique des sources situe le monologue de Job en Jb 29-31, le discours de Yahvé en Jb 38, 1 — 40, 2, 7-14 et l'aveu de Job en Jb 40, 3-5 et 42, 2-3, 5-6.

b) La critique du genre littéraire

L'auteur de Job se sert du cadre littéraire de la lamentation pour redonner confiance à des personnes que les difficultés du retour d'exil rendent très sceptiques à l'égard de Dieu. Job, c'est le Peuple réinstallé en Juda. Il souffre, bien qu'il soit juste et innocent, car il a expié ses fautes selon la théologie de l'Ancien Testament.

La lecture de Job 29-42, épuré de ses ajouts postérieurs, dévoile de quelle façon il livre son message d'espérance:

1. Il commence par établir l'innocence de son personnage: Jb 29-31
   Il s'agit d'une description symbolique de la situation du peuple au retour d'exil. Il souffre malgré son innocence et accuse Dieu d'être lointain et injuste.

2. Il fait suivre cette complainte du discours de Yahvé
(Jb 38, 1 — 40, 2, 7-14)
L'auteur y démontre la sagesse et la bonté de Dieu,
l'attention qu'il porte à sa création, mais aussi la liberté
du Créateur qui déconcerte toujours les fidèles. Voici un
plan de ce discours :

Introduction : Jb 38, 1-3
Début d'un interrogatoire qui a pour but de briser le
jugement de Job qui fait de Dieu un être insensible et
injuste.
Développement :
a) Dieu créateur connaît le monde : Jb 38, 4-21
b) Il gouverne ce monde : Jb 38, 22-38
c) Il se soucie des animaux : Jb 38, 39 — 39, 4
d) Trois portraits de quadrupèdes qui font voir la
puissance de Dieu : Jb 39, 5-8, 9-12, 19-25
e) Trois portraits d'oiseaux qui montrent la sagesse de
leur créateur : Jb 39, 13-18, 26, 27-30.
Conclusion : Jb 40, 2, 7-14
C'est ici que se pose la véritable question : veux-tu
vraiment renier Dieu ou manques-tu simplement de
confiance en lui à cause de la souffrance que tu vis ?

3. Arrive enfin la réponse de Job : Jb 40, 3-5 ; 42, 2-3, 5-6
Job y fait l'aveu de sa tiédeur, due à un manque d'intimité entre lui et son Seigneur. Le discours de Yahvé lui a
cependant fait découvrir beaucoup de choses sur Dieu,
sur lui et sur son péché.

d) Message et milieu de vie

Dans le cadre d'un retour d'exil très difficile, Job veut
relancer la confiance en Dieu, créateur de l'univers. Le discours
de Yahvé veut répondre à deux reproches que les Juifs font à
Dieu : il est lointain et il reste indifférent à sa création. Ces
objections constituent le fond du monologue de Job (Jb 29-31).
L'auteur y rapporte ce que plusieurs de ses contemporains ont
pensé sans l'écrire. Le discours de Yahvé ne répond cependant
pas directement aux questions de Job sur la souffrance, mais il

lui propose de redécouvrir son Dieu et de renouer avec lui à partir d'une contemplation de la nature. Job sera changé, non pas parce qu'il aura été brisé par le Seigneur, mais parce qu'il aura appris à mieux le comprendre, à mieux se comprendre lui-même et à mieux comprendre son péché.

Mieux comprendre Dieu!...

L'ensemble du texte de Jb 38, 1 — 40, 2, 7-14 présente Yahvé comme le maître du monde, mais aussi comme un être infiniment doux et bon. Par exemple, Jb 38, 37 affirme qu'il pèse les nuages pour ne pas inonder lors des pluies, tandis que Jb 39, 1s rappelle qu'il compte les mois de gestation des animaux, mais ces exemples en côtoient d'autres qui dépeignent la liberté de Yahvé face aux vœux de ses créatures. Ainsi en est-il de Jb 38, 26, qui tient compte de la pluie qui tombe au désert où personne ne vit, ce qui apparaît être un grand gaspillage pour les habitants d'Israël. Il en est de même en Jb 38, 41, qui fait mention des animaux qui semblent inutiles dans la création. Ces citations font ressortir les limites des êtres humains qui ne comprennent pas les projets de Dieu.

Mieux connaître la personne humaine!...

Le discours de Yahvé, rédigé par l'auteur du livre de Job, met en lumière les limites de l'humanité : la durée, le savoir et le pouvoir, qui l'amènent à se révolter contre Dieu.

Par exemple, le verset 4 du chapitre 38 affirme que l'être humain ne peut aspirer à vivre éternellement. Il a été créé mortel avec un début et une fin. S'humaniser, c'est assumer cette réalité. Ne pas le faire entraîne inévitablement un conflit avec Dieu. Job convie donc à accueillir la condition d'être mortel dans une confiance totale en Dieu immortel et capable de sauver de la mort.

Pour Jb 38, 33, entre autres, l'homme n'a pas la sagesse de Dieu et c'est pourquoi la raison ultime des choses lui reste cachée. Job invite à ne pas essayer de tout comprendre à partir de critères qui sont à la mesure des limites humaines. Seule la confiance en Dieu peut donner une vie heureuse où les questions dernières trouvent une réponse dans l'amour de Yahvé pour ses créatures.

Enfin, le discours de Yahvé est marqué par quatorze questions du type: «Qui fit...?», qui reçoivent comme réponse: «Dieu seul...» (Jb 38, 5, 8, 25, 36...). De plus l'auteur de Job croit impossible à l'homme d'imposer sa volonté aux animaux de la nature, par exemple le cheval altier et libre de la section Jb 39, 19-25. Il semble bien irréaliste que l'humanité puisse se passer de la puissance de Dieu. La personne qui accepte cette vérité découvre la paix et le confort de vivre en harmonie avec elle-même et avec le Tout-Puissant.

Dans ce grand tour de création que les questions de Yahvé lui font faire, Job apprend aussi quel est son péché. Son péché, c'est celui de toute l'humanité: vouloir être elle-même dieu pour que tout fonctionne à son goût. Il est révélé en Jb 40, 8: «Veux-tu vraiment casser mon jugement, me condamner pour assurer ton droit?» Il faut beaucoup de courage pour accueillir l'expérience de vie comme elle est, sans espérer l'organiser comme on le voudrait. Job a compris que ce courage lui viendrait dans le cadre d'une relation d'intimité avec Dieu, qui lui permettra de dépasser ses limites. Il a donc reçu une leçon d'humilité et a pris conscience des limites de sa foi.

Ces quelques chapitres du livre de Job nous font comprendre que ce n'est qu'après avoir découvert Dieu dans la création qu'il est possible de le reconnaître comme le bon maître de l'univers (Jb 42, 2a). Avant de faire cette rencontre, Job avoue qu'il tenait des propos dénués de sens (Jb 42, 3). Maintenant il a vu, il connaît le Seigneur autrement que par ouï-dire, il est devenu son ami. Sa foi s'est développée et, lui qui attendait Yahvé de pied ferme, il peut l'accueillir humblement; il peut accepter sa seigneurie car, maintenant, il sait que Dieu l'aime.

e) Actualisation et intégration

Replaçons ces événements dans une vie de foi aujourd'hui...

Face aux épreuves, nous aimerions nous faire dire, comme les Juifs des temps bibliques, qu'elles ne sont que des intruses dans la création, le résultat d'une erreur que Dieu va corriger sans que nous ayons à nous y engager. Il semble pourtant que ce désir, partagé par l'humanité depuis longtemps, ne sera jamais exaucé. Déjà le livre de Job invitait Israël à changer sa façon d'aborder la fameuse question du pourquoi de la souffrance. Si nous changeons l'image du Dieu de la théologie de l'Ancien Testament par celle que Jésus nous a révélée, nous découvrons un témoignage très humain et très juste sur la façon de vivre une situation de vie difficile. Il nous révèle que notre rébellion contre Dieu vient du fait que nous ne voyons pas, à cause des nombreux désagréments que la souffrance entraîne, qu'il continue toujours de nous accompagner et de nous guider. Nous n'y trouvons pas de réponse claire et précise au pourquoi de la souffrance, mais l'affirmation que ce n'est pas Dieu qui la provoque, qui la permet ou qui permet à d'autres de la causer pour nous punir. Elle fait partie de l'expérience de vie au même titre que la joie, même si elle paraît beaucoup moins naturelle. Job ne conseille pas à une personne de foi de rechercher la souffrance mais de l'accueillir, assurée par sa relation d'intimité avec Dieu d'être sur la voie du bonheur malgré les apparences.

L'expérience de la découverte du Seigneur, attentif et proche d'elle, demeure la seule capable de réconforter une personne qui souffre. C'est dans le cadre d'une relation d'amour avec le Créateur que nous pouvons accueillir la vie humaine comme le plus beau cadeau pouvant venir de lui. Une spiritualité inspirée de la Bible vise à faire voir, sentir et entendre Dieu vivant au cœur de la vie, pour éviter que les difficultés ne fassent perdre l'espérance. Face à la souffrance de l'infirme ou à celle de la famille qui perd un enfant en bas âge, etc., que dire sinon de ne pas juger de l'amour de Dieu par des critères matérialistes et, rappelant le témoignage de Job, affirmer que la personne la plus dépourvue, selon les jugements de l'être humain, peut être celle qui est la plus épanouie. Job n'a-t-il pas démontré que plus nous découvrons notre richesse et notre liberté en Dieu, plus nous sommes proches du véritable bonheur. C'est ce témoignage que nous donne le psalmiste qui se repose en Dieu:

« Yahvé, ma part d'héritage et ma coupe,
c'est toi qui garantis mon lot;
le cordeau me marque un enclos de délices,
et l'héritage est pour moi magnifique.

Je bénis Yahvé qui s'est fait mon conseil,
et même la nuit, mon cœur m'instruit.
J'ai mis Yahvé devant moi sans relâche;
puisqu'il est à ma droite, je ne bronche pas.

Aussi, mon cœur exulte, mes entrailles jubilent,
et ma chair reposera en sûreté;
car tu ne peux abandonner mon âme au shéol,
tu ne peux laisser ton ami voir la fosse.
Tu m'apprends le chemin de vie,
devant ta face, plénitude de joie,
en ta droite, délices éternelles. (Ps 16, 5-11)

Comment réagissent croyants et croyantes face à la souffrance?

Comme tout le monde, les personnes qui ont la foi aspirent au bonheur et à une vie épanouissante. Elles combattent la souffrance par tous les moyens, encourageant la science à découvrir des remèdes et de nouvelles façons de soigner les maladies. Elles s'engagent aussi à améliorer les conditions de vie des êtres humains à la grandeur du globe. Cependant les chrétiennes et les chrétiens accueillent les limites de leur humanité dans la confiance en Dieu, ce qui leur permet de ne pas sombrer dans le désespoir lorsqu'elles se rendent compte que, malgré leurs efforts, elles ne pourront jamais éliminer complètement la souffrance. De plus, elles savent que le Seigneur les guide vers la vie éternelle par des voies qui sont souvent impénétrables. Leur foi ne répond pas au pourquoi de la souffrance, mais elle leur permet d'avancer, confiants que leurs limites constituent déjà des appels de Dieu à aimer davantage pour transformer le monde.

Pour continuer votre réflexion

Comment vous situez-vous devant le problème de la souffrance?

— Vous sentez-vous obligé de souffrir pour vous sentir près de Dieu?

— Vous efforcez-vous de fuir toutes les situations où vous pourriez expérimenter la souffrance?

— Croyez-vous que plus vous souffrirez, plus vous serez bien dans l'éternité?

— Avez-vous déjà fait l'expérience que Dieu puisse, de la souffrance, faire surgir une vie meilleure?

Pourquoi est-il juste de penser que le Dieu de Jésus ne désire pas notre souffrance?

Comment pouvons-nous, nous qui croyons en Jésus, faire en sorte que les problèmes sociaux soient moins nombreux dans le monde et dans notre propre pays? Recherchez des paroles de la Bible qui nous invitent à travailler à faire reculer la souffrance injuste et inutile.

Bibliographie

Beaucamp, F., «Sagesse et salut dans l'Ancien Testament», *Laval Théologique et Philosophique,* n° 38, 1982, pp. 239-244.

Beaucamp, E., *Les Sages d'Israël ou le fruit d'une fidélité,* Presses de l'Université Laval, Québec, 1968, 282 p.

Bochet, M., «Job dans la littérature», *Concilium,* n° 189, 1983, pp. 117-123.

Bonnard, P.E., «Relire Isaïe 40-66», *Études théologiques et religieuses,* n° 50, 1975, pp. 351-359.

Bonnard, P.E., *Le Second Isaïe, son disciple et leurs éditeurs, Is 40-66,* Gabalda (Études Bibliques), Paris, 1972, 560 p.

Collectif, «Aux racines de la sagesse», *Cahier Évangile,* n° 28, Cerf, Paris, 1979, 63 p.

Duval, Raymond, «Dieu contre la souffrance: la critique nietz-schéenne», *Lumière et Vie*, n° 25, 1976, pp. 21-42.

François, Frère, «Une louange au-delà du désespoir (Job 38-41)», *La Vie Spirituelle*, n° 648-652, 1982, pp. 47-65.

Grelot, P., *Les poèmes du Serviteur: de la lecture critique à l'herméneutique*, Cerf, Paris, 1981, 202 p.

Kamp, Jean, «Présence du Dieu souffrant», *Lumière et Vie*, n° 25, 1976, pp. 54-66.

Levêque, J., *Job et son Dieu*, Gabalda, Paris, 1970, 2 tomes, 830 p.

Levêque, J., «Job», *Cahier Évangile*, n° 53, Cerf, Paris, 1985, 63 p.

Martin, Paule, «Crainte de Dieu, don de l'Esprit Saint», *Vie Spirituelle*, n° 132, 1978, pp. 405-418.

Martin-Achard, R., *Et Dieu créa le ciel et la terre...*, (le chapitre sur Job 38-42), Genève, Labor et Fides, 1979, 80 p.

Wiéner, C., «Le deuxième Isaïe», *Cahier Évangile*, n° 20, Cerf, Paris, 1977, 63 p.

Onzième chapitre

L'ESPÉRANCE EN DES JOURS MEILLEURS

Au chapitre précédent nous avons constaté que, dans les difficultés, la foi des Juifs les a conduits à faire davantage confiance à Dieu. Cette réaction repose cependant sur un passé religieux qu'il convient de mieux connaître. Un survol de certains textes messianiques révélera les racines profondes de l'espérance qui anime le peuple élu et nous permettra de réfléchir sur les fondements de la nôtre.

Rappelons les événements de l'histoire sainte...

Le messianisme est un courant théologique très ancien en Israël. Il consiste à attendre une personne envoyée de Dieu pour apporter le salut à son peuple. Le but poursuivi par les textes messianiques est d'encourager les Juifs dans des moments difficiles. Il n'est pas facile de dire exactement quand ils ont commencé à exprimer leur confiance en Dieu dans l'attente d'un sauveur politique. Certains pensent que cette attente date d'avant la monarchie, d'autres la font plutôt naître d'une réflexion postérieure à la royauté de David et Salomon, des rois qui ont su gérer le pays d'une main de maître. L'étude de différents textes du messianisme prophétique permettra de tracer un profil du Messie attendu par les Juifs à l'époque de Jésus et aidera à comprendre pourquoi ils ont été incapables d'accueillir le Christ. Pour réaliser ce travail, il conviendra de situer historiquement chacun des passages à l'étude, et de se poser ensuite trois questions concernant le Messie : qui est-il ? quand viendra-t-il ? que fera-t-il ?

A) Le messianisme dans la littérature prophétique

1. *Isaïe 7, 10-17 et 9, 1-6*

a) *Les milieux de vie dans les chapitres 7 et 9 d'Isaïe*

Le chapitre 7 est contemporain de la guerre syro-éphraï-mite[1], alors que Jérusalem est assiégée. Son roi Achaz est tenté de faire une alliance politique avec l'Assyrie pour se débarrasser de ses deux adversaires, Aram et Israël (le Royaume du nord). Isaïe, qui ne sera pas écouté, va lui rappeler que seule la confiance en Dieu pourrait lui permettre de se sortir de ce mauvais pas. D'autre part, le chapitre 9 a été écrit après la chute de Damas, alors que le danger est écarté. C'est ce que laissent entendre les premiers versets qui chantent la fin de la guerre syro-éphraïmite par toutes sortes de symboles de paix : la lumière a resplendi, la nation se réjouit comme au partage du butin, le bâton de l'oppresseur a été brisé, etc. La déclaration d'Is 9, 5 : «Car un enfant nous est né, un fils nous a été donné», laisse supposer que ce texte fut composé lors de l'intronisation du fils d'Achaz, Ézéchias[2].

b) *La portée messianique des chapitres 7 et 9 d'Isaïe*

Le texte d'Is 7, 14 dit qu'une jeune femme est enceinte. C'est la femme d'Achaz qui va accoucher bientôt. Isaïe, comme conseiller royal, était au courant de ce fait. À ses yeux, c'est un signe évident de Dieu qui se montre ainsi favorable à la continuation de la dynastie davidique et au Royaume du sud. Le roi n'a pas à s'alarmer pour l'avenir; il n'a qu'à se fier à la puissance de Yahvé et ne faire aucune alliance avec l'Assyrie. Le Premier livre des Rois 16, 5-16 nous apprend qu'il n'obéira pas et que sa politique pro-assyrienne conduira Jérusalem au bord de la ruine en 701 A.C. (2 R 18-19). Ézéchias, le fils du roi Achaz, est le

---

[1] Voir l'annexe III pour en savoir davantage.
[2] Cf. *La Bible de Jérusalem*, note «e», p. 1102.

Messie annoncé par Isaïe. Sa venue ne saurait tarder, car sa mère est déjà enceinte. Is 9, 5 annonce que l'enfant est arrivé.

En Is 7, 17 on espère que cet enfant ramènera une prospérité et une sécurité telles qu'il n'y en a pas eu en Israël depuis le règne de David et la séparation du pays en 935 A.C.[3]. Is 9, 6 décrit symboliquement les attentes de paix, de prospérité et de justice par les titres donnés au nouveau roi. En effet, Ézéchias devrait incarner toutes les qualités de ses ancêtres les plus illustres : la sagesse de Salomon, la bravoure et la piété de David et les vertus des Patriarches et de Moïse[4]. Toutes ces aptitudes, réunies en un seul homme, devraient assurer un avenir heureux à Israël. Cela nous montre jusqu'à quel point on espérait que le jeune roi fasse du pays le véritable royaume de Dieu.

Le prophète Isaïe avait pour but de réconforter les siens à une époque difficile. Il le fit en prédisant que le Seigneur donnerait un rejeton au roi et que ce dernier ferait du pays une terre où il serait possible de vivre en paix et en sécurité. Le signe, qui est à la source de cette annonce de bonheur, est la grossesse de la femme d'Achaz. Pour Isaïe, la naissance de cet enfant indiquait clairement que Yahvé allait protéger Jérusalem et continuer de bénir la dynastie davidique. Le message est limpide : le bonheur vient seulement de la confiance que nous mettons en Dieu tout-puissant.

2. Michée 5, 1-5

a) Le milieu de vie du chapitre 5 de Michée

Ce texte fut rédigé en 701 A.C., alors que Jérusalem est menacée par les armées assyriennes[5]. Le Second livre des Rois, aux chapitres 18-19, présente ce siège comme la suite logique des décisions d'Achaz de demander l'aide de l'Assyrie pour briser la menace d'Aram et d'Israël lors de la guerre syro-éphraï-mite. En avisant la puissante Assyrie du complot qui se tramait

---

[3] Cf. *La Bible de Jérusalem*, note « g », p. 1100.
[4] Cf. *La Bible de Jérusalem*, note « e », p. 1102.
[5] Cf. *La Bible de Jérusalem*, note « a », p. 1365.

contre elle, Achaz lui a donné une bonne raison de venir dans la région et de penser annexer Juda à son territoire. Ainsi, non contents de s'être emparés de Damas en 732 A.C., de Samarie en 721 A.C. et d'avoir contraint Jérusalem à payer les redevances dues à sa vassalité, les Assyriens veulent s'en emparer en 701 A.C. Ils seront bien près de réussir.

b) La portée messianique de Michée 5

Michée promet la venue d'un roi comme David, car en Mi 5, 1 on dit que c'est de Bethléem que devrait venir celui qu'on espère. Ce détail rappelle les origines du grand roi David puisque Bethléem est la ville de Jessé son père (1 S 17, 12ss)[6]. Il ne peut cependant pas identifier le futur roi. Il s'en remet à sa foi pour affirmer que Yahvé ne pourra pas abandonner les siens, car aucun signe, semblable à celui d'Isaïe quelques années plus tôt, ne lui permet de faire cette prophétie. C'est sans doute pour cela que le prophète demeure très vague sur le moment de sa venue. Il se contente de dire: «C'est pourquoi il les abandonnera jusqu'au jour où aura enfanté celle qui doit enfanter» (Mi 5, 2a). Reprenant le texte d'Is 7, 10-17, il ne peut s'empêcher de prévoir des moments difficiles à vivre avant que Yahvé n'intervienne en envoyant un Messie davidique. Mi 5, 3 assure que l'envoyé de Dieu sera un chef estimé de tout Israël, ce qui laisse supposer qu'il saura remettre le pays sur la bonne voie. Mi 5, 4-5 complète cette indication en mentionnant clairement ce que les Juifs attendent de lui: il reconquerra le territoire qui pourrait être perdu dans le conflit, et il assurera la paix à son pays en repoussant les Assyriens chez eux.

Le texte du prophète Michée est lui aussi inspiré des attentes traditionnelles de la théologie de l'Ancien Testament. Il promet un Messie guerrier et victorieux comme David l'avait été. Il attend un roi qui pourra faire d'Israël un pays fort où l'on pourra vivre en sécurité. Le but du prophète est de réconforter son peuple et de lui rappeler que seule la confiance en Dieu peut l'aider à vaincre lors du siège de Jérusalem en 701 A.C. car, selon

---

[6] Cf. La Bible de Jérusalem, note «a», p. 1365.

la théologie de l'Ancien Testament c'est de Yahvé que viennent toutes les bénédictions.

3. Jérémie 23, 1-8

a) Le milieu de vie du chapitre 23, 1-8 de Jérémie

Le texte a été écrit vers 589 A.C., entre la première et la seconde déportation[7]. Sédécias, qui avait été mis sur le trône de Jérusalem par les Babyloniens, complote contre eux, encouragé par les Égyptiens. Pour Jérémie, ces manœuvres politiques signifient que les Juifs n'ont pas compris le sens profond de la première déportation de 597 A.C., une punition de Dieu pour les nombreuses fautes de son peuple. Il ne peut s'empêcher de prédire un avenir malheureux pour les mauvais pasteurs (chefs), mais en même temps il promet que Yahvé lui-même prendra soin de ses brebis en leur envoyant un Messie.

b) La portée messianique de Jérémie 23, 1-8

Selon Jr 23, 4, le Messie sera un pasteur! Cette affirmation dévoile l'opposition de Jérémie à l'égard de son roi qui s'occupe mal de son peuple (vv. 1-3). Le pasteur qu'il attend ne travaillera pas pour sa gloire personnelle, mais pour les fidèles qu'il saura conduire à Dieu, même au risque de sa vie. C'est pour cela qu'on l'appelle « Yahvé-notre-justice » en Jr 23, 6. Ici encore, c'est en faisant référence à David que l'on décrit le Messie : « ... je susciterai à David un germe juste » (Jr 23, 5a), sans être capable de lui donner un nom. Il faut comprendre que Jérémie n'a pas de signe, comme Isaïe en avait eu, pour annoncer que le fils du présent roi serait le Messie attendu. Le texte n'annonce pas quand exactement viendra ce pasteur; mais il annonce, lui aussi, qu'un temps difficile précédera la réalisation des attentes messianiques d'Israël, c'est-à-dire une seconde visite des armées babyloniennes à Jérusalem.

---

[7] Pour en savoir davantage sur l'histoire de cette époque, reportez-vous au chapitre VIII du présent volume.

Jérémie fonde de grands espoirs dans la personne du pasteur qu'il annonce. Il protégera les brebis (le peuple fidèle) de la crainte (v. 4), il exercera le droit et la justice (v. 5), grâce à lui le Peuple habitera sur son sol en sécurité parce qu'il fera la volonté de Dieu (v. 6) et finalement il rapatriera les enfants d'Israël qui sont dispersés (v. 8). En un mot, on attend de lui qu'il remette Israël au rang des grandes nations.

Les attentes de Jérémie dévoilent qu'il vit sous la théologie de l'Ancien Testament, espérant voir la bénédiction de Dieu dans des biens matériels, car le Pasteur devrait conduire son peuple vers le bonheur en le protégeant de ses ennemis et en le rendant prospère. Cependant, il insiste davantage sur la nécessité d'espérer un roi qui guidera les siens selon la volonté de Yahvé. Le cœur de ce texte ne se trouve pas dans l'énumération de ce que devra faire le Messie, mais plutôt dans le rappel que sans Dieu on ne peut rien faire qui apporte la joie véritable.

4. *Zacharie 9, 9-10*

a) Le milieu de vie du chapitre 9, 9-10 de Zacharie

Une note[8] de *La Bible de Jérusalem* nous dit que ce texte trouverait sa source dans la marche victorieuse d'Alexandre Le Grand à la suite de sa victoire à Issus en 333 av. J.C. Israël vit depuis plusieurs années sous la domination perse (538-333 A.C.). Alors que le pays se prépare à changer de maître, l'image victorieuse du grand roi grec ranime, en Zacharie, l'espoir de la venue du Messie promis.

b) La portée messianique de Zacharie 9, 9-10

Le Messie dont parle Zacharie est roi victorieux à qui tout réussit, comme Alexandre (v. 9), mais il est humble, comme les princes d'antan (pensons ici à David) qui montaient des ânes et non des chevaux. Ce détail indique indirectement qu'il attend

---

[8] Cf. *La Bible de Jérusalem*, note « b », p. 1392.

un descendant de David, puisque c'est sous Salomon que furent importés les premiers chevaux en Israël (1 R 10, 26-29; 2 Ch 1, 15-17. Cette hypothèse est confirmée au v. 10, par la description du territoire sur lequel il établira la paix. Cet empire s'étendra de la mer Méditerranée jusqu'à la mer Morte et de l'Euphrate jusqu'au sud de la péninsule du Sinaï, ce qui représente l'étendue maximale possible d'Israël à l'époque du règne de David et de Salomon. Quant au moment de l'arrivée de ce roi vainqueur, le prophète ne donne pas de date précise. Aucun signe ne pouvait justifier une telle espérance, sinon la foi en la venue d'un Messie ravivée par la venue d'Alexandre le Grand sur la scène politique internationale.

Au v. 10, l'expression «retrancher la charrerie, les chevaux et l'arc de guerre» confirme qu'il apportera la paix, puisqu'il fera disparaître tout ce qui sert à faire la guerre à cette époque-là. La description du royaume messianique à partir des noms d'Éphraïm et de Jérusalem, c'est-à-dire formé des tribus du nord et du sud comme à l'époque de David et de Salomon[9], révèle que le Messie devra refaire l'unité perdue lors du schisme.

Comme ses prédécesseurs, Zacharie attend une intervention de Yahvé pour redonner à Israël sa puissance et sa force d'antan, alors qu'il était uni sous le règne de David. Il vit donc d'espérances fondées sur la théologie de l'Ancien Testament où Dieu tout-puissant récompense les justes en cette vie. Cependant, l'essentiel du texte de Zacharie ne se trouve pas dans ses attentes messianiques mais dans son espérance en un bonheur que seule la foi rend possible. C'est le sens du v. 9 qui prédit un roi «juste» qui vivra et règnera sous la protection de Dieu[10].

Près de quatre cents ans d'attente messianique n'ont pas amené les Juifs à transformer leurs attentes. Ils continuent toujours à espérer contre toute espérance que Yahvé interviendra politiquement et militairement en leur donnant un pays fort et puissant où ils pourront vivre en paix. Ils n'ont pas compris que leur rêve ne pouvait être comblé de la façon qu'ils espéraient. Ils n'ont pas compris, en quatre cents ans, que la foi en Dieu ne peut les combler de biens matériels, ni que la plus

---

[9] Cf. *La Bible de Jérusalem,* note «j», p. 1392.
[10] Cf. *La Bible de Jérusalem,* note «h», p. 1392.

grande bénédiction de la foi, c'est de faire naître une relation intime avec Dieu.

B) Un texte messianique de la littérature apocalyptique

I. *Présentation du genre littéraire du chapitre 7 de Daniel:*
   l'apocalypse

Le mot apocalypse provient du grec, «apocaluptein», qui veut dire «dévoiler ce qui est caché». Dans le cas du livre de Daniel, il signifie écarter le voile de mauvaises nouvelles empêchant de discerner le sens profond de l'histoire. Le défi relevé par l'auteur est de faire voir des signes encourageants dans une situation où tout semble perdu d'avance. Daniel veut que les Juifs continuent de croire en Dieu maître du monde, alors que rien ne justifie une telle foi, car les impies paraissent gagner sur tous les tableaux. On demande aussi à Dieu tout-puissant de venir à l'aide des siens sans tarder, pour faire disparaître ce monde mauvais et le remplacer par un autre de justice et de paix. Le monde, dont on demande la disparition, c'est celui qui est gouverné par les adversaires des Juifs. Nulle part il est dit que les fidèles adorateurs de Yahvé n'auront à souffrir lors de cette intervention.

C'est pour redonner confiance en temps de crise que paraît la littérature apocalyptique, où l'on se sert de l'histoire des Juifs pour y trouver des motifs d'encouragement. S'appuyant sur une conception linéaire du temps, dans laquelle le monde a eu un début et aura une fin[11], on fait une relecture du passé pour y relever les moments où Dieu s'est montré fidèle aux siens. En ce sens, l'apocalypse veut amener à une prise de conscience de l'amour de Dieu pour ceux qui semblent toujours souffrir. Cette première étape terminée, les croyants sont appelés à reprendre courage, même si le présent ne semble porteur d'aucun signe d'espérance tangible. Pourquoi le Seigneur les abandonnerait-il aujourd'hui, lui qui leur a été fidèle depuis si longtemps?

---

[11] C'est d'ailleurs cette conception du temps que partage la foi chrétienne.

Pourquoi craindre? Il faut plutôt prendre conscience de la présence de Dieu dans ce temps présent difficile. Cependant, la littérature apocalyptique peut facilement conduire au désengagement si on ne sait pas lire ses appels à espérer en un Dieu capable de transformer le monde pour le rendre plus vivable.

Un trait important de ce genre littéraire est l'emploi de pseudonymes, les apocalypticiens préférant emprunter des noms de personnages illustres, décédés depuis longtemps, pour ne pas attirer l'attention de leurs puissants ennemis et pour avoir plus d'influence sur leurs concitoyens qui cherchent des témoins dignes de confiance. Une autre caractéristique de cette littérature, destinée à des initiés seulement, est l'ample utilisation des images symboliques se rapportant aux réalités historiques du temps. L'étude du chapitre 7 du livre de Daniel aidera à saisir la démarche apocalyptique et le message messianique qu'elle porte.

II. *Le message messianique de Daniel 7*

Ce texte a été rédigé vers 164 A.C., lors de la persécution d'Antiochus IV, par un Juif de Palestine utilisant le nom du fameux prophète Daniel ayant vécu lors de l'exil à Babylone. L'auteur véritable connaît donc très bien l'histoire de 587 à 164 A.C., et se sert de ces connaissances pour redonner confiance à ses coreligionnaires. Tout son texte est articulé à partir de la technique de l'apocalypse : une relecture du passé dévoilant les moments où Dieu s'est fait proche de son peuple, un appel à espérer dans le présent, même s'il n'est pas facile à vivre, et enfin une annonce d'un avenir heureux découlant de l'espérance retrouvée. Ce message se base sur une relecture de foi du passé juif démontrant que ce peuple a toujours été protégé contre ses adversaires, les grands Empires qui ont tenté de le dominer ayant tous disparu.

Pour ce faire, le texte de Daniel passe en revue l'histoire à partir du moment où Israël est pris par Babylone et sa population déportée. Israël lui demeure soumis jusqu'en 539 A.C., alors que Cyrus, roi des Perses, s'empare de l'Empire babylonien et lui permet de retourner en Terre sainte. De 538 à 333 A.C., son territoire est dominé par la nation perse qui doit le céder à Alexandre le Grand en 333 A.C. À sa mort en 323 A.C., l'Empire d'Alexandre est divisé entre ses généraux, car il est décédé sans successeur. C'est ainsi qu'Israël est dominé par la dynastie des Lagides (rois d'Égypte) de 323 à 198 A.C., date à laquelle les Séleucides (rois syriens) en deviennent les maîtres grâce à leur victoire à la bataille de Panion. Ils gouvernent Israël jusqu'en 143 A.C., alors que les Juifs vont retrouver leur indépendance. L'histoire nous montre donc une longue suite d'empires qui ont tenté de soumettre la nation juive sans y parvenir longtemps : les Babyloniens, les Perses, les Grecs, les Lagides et les Séleucides. C'est de ces faits que l'auteur du livre de Daniel s'inspire dans son récit symbolique de la vision des bêtes. Un plan rapide aidera à se représenter comment Dn 7 répond à la triple démarche de la littérature apocalyptique qui se base sur le passé, le présent et l'avenir.

Introduction : mise en scène (Dn 7, 1-2a)

Développement :

A) Vision : Daniel 7, 2b-14

  a) Révision du passé : Dn 7, 2b-8b
    vv. 2b-7 : les bêtes
    vv. 2b-3 : introduction
      v. 4 : la première bête= l'Empire babylonien
      v. 5 : la seconde bête = l'Empire des Mèdes
      v. 6 : la troisième bête = l'Empire des Perses
      v. 7 : la quatrième bête = l'Empire d'Alexandre
    v. 8 ab : les cornes de la bête = les successeurs
             d'Alexandre

  b) La situation présente : Dn 7, 8c
    « la corne qui dit de grandes choses », c'est Antiochus IV qui se fait appeler « Épiphane », c'est-à-dire manifestation de Dieu.

  c) L'avenir : Dn 7, 9-14
      v. 11 : destruction de la corne
      v. 12 : les autres bêtes disparaîtront
    vv. 13-14 : le Fils d'homme rendra le bonheur au peuple

B) *Explication de la vision : Daniel 7, 15-27*

a) La situation passée : Dn 7, 15-24 (sauf 18)

vv. 15-16 : introduction

v. 17 : les trois premières bêtes sont trois Empires qui ont dominé Israël et sont disparus

(v. 18) : «les saints recevront le royaume» : anticipation de l'avenir

vv. 19-20a : la quatrième bête et les cornes sur sa tête : quatrième royaume (Alexandre) et l'autre corne (Antiochus IV). Les vv. 20b-22 forment un ajout.

b) La situation présente : Dn 7, 25
Antiochus IV brave Yahvé et persécute le peuple juif.

c) L'avenir : Dn 7, 26-27
Dieu jugera et le peuple triomphera.

Conclusion : trouble de Daniel (Dn 7, 28)

La portée messianique de Daniel 7

Le Messie est décrit comme un «fils d'homme», car, vers 164 A.C., les Juifs n'espèrent plus qu'un roi de la dynastie davidique leur soit envoyé par Dieu pour les guider vers le bonheur. Cependant, ils croient toujours que Yahvé interviendra dans le monde d'une façon définitive pour mettre fin au triomphe des méchants, mais ils laissent à Dieu toute liberté dans le choix de celui qui réalisera ce rêve. C'est pour cela qu'on l'identifie simplement par le titre de «fils d'homme». L'auteur espère que sa venue ne tarde pas car la persécution d'Antiochus IV fait très mal.

Ce chapitre 7 se situe dans la longue lignée de textes reposant sur la théologie de l'Ancien Testament où Dieu tout-puissant bénit dans cette vie par des récompenses d'ordre matériel : la longue vie, la prospérité, la bonne réputation et la postérité. En cette période historique particulièrement trouble, l'auteur de Dn 7 a choisi de lancer son cri d'espoir dans un cadre théologique bien connu des siens. Il s'attend à ce que le fils d'homme, c'est-à-dire une personne du Peuple, refasse d'Israël une nation ayant un royaume éternel et qui dominerait sur toutes les autres nations, comme en fait foi le verset 27 : « Et le royaume et l'empire et les grandeurs des royaumes sous tous les cieux seront donnés au peuple des Saints du Très Haut... ».

Conclusion générale sur le messianisme

Replaçons cette attente dans une vie de foi aujourd'hui...

L'étude du chapitre 7 de Daniel termine la révision de près de six siècles d'attentes messianiques. D'Isaïe à Daniel, les Juifs ont toujours attendu une personne envoyée par Dieu pour les aider à se donner un pays riche et fort, où ils recevraient toutes les bénédictions matérielles rattachées à l'observance de la loi de l'Alliance. Cette obstination démontre que la théologie de l'Ancien Testament n'a pas réussi à séparer le profane du spirituel. Elle n'a pas compris que la véritable bénédiction de la foi se découvre d'abord dans la relation intime avec le Seigneur. Les attentes déçues du messianisme biblique, de même que son message central : seule la confiance en Dieu conduit à la vie éternelle, devraient nous inciter à faire une différence entre une relation avec Dieu basée sur les biens qu'elle peut apporter et une autre où la joie de le connaître et de le savoir présent est plus importante. Comment nous comportons-nous individuellement et collectivement face aux faux messies que la société nous présente ? Sur quoi repose le bonheur dont nous rêvons ?

Pour continuer votre réflexion

— Isaïe voulait faire prendre conscience au roi Achaz qu'il croyait davantage aux alliances politiques qu'en son Dieu. Nous, comment organisons-nous notre vie ?

— Michée, vivant à une époque où les signes d'espérance étaient difficiles à trouver, voulait faire en sorte que le peuple croie en un Dieu capable de transformer le monde. Nous, croyons-nous que Dieu puisse changer notre vie ?

— Jérémie a voulu redonner confiance en un Dieu qui aime les pauvres et veut que les exploiteurs des faibles se convertissent. Nous, quelle sorte de société sommes-nous en train de mettre sur pied? Un monde où tous ont une chance égale, ou un monde où les riches ont toutes les chances de s'enrichir davantage?

— Zacharie a voulu raviver la foi en un Dieu qui ne se manifeste pas dans l'éclat et la gloire, comme les grands de ce monde, mais agit souvent sans tambour ni trompette. Nous, qu'est-ce qui nous attire? Ce qui semble le plus en mesure de nous apporter le confort et la richesse? À qui avons-nous tendance à nous fier? A la personne qui nous promet un bonheur tout prêt à porter ou à celle qui nous dit que le véritable bonheur, nous devons le bâtir en nous fiant à Dieu?

— Enfin Daniel, qui assiste à la persécution de ceux qui ont foi en Dieu, donne le témoignage d'un homme qui, espérant contre toute espérance, continue de faire route avec Dieu. Donnons-nous souvent un tel témoignage de foi, dans un monde qui exalte des valeurs souvent à l'encontre du Royaume de justice et de paix?

Bibliographie

Abécassis, A., «Projet hébraïque et attente juive», dans *Le retour du Christ,* Bruxelles, Faculté universitaire Saint-Louis, 1983, pp. 31-59.

Asurmendi, J.M., «Isaïe 1-39», *Cahier Évangile,* n° 23, Cerf, Paris, 1978, 63 p.

Asurmendi, J.M., «Amos et Osée», *Cahier Évangile,* n° 64, Cerf, Paris, 1988, 59 p.

Beasley-Murray, G.R., «The Interpretation of Daniel 7», *Catholic Biblical Quaterly,* n° 45, 1983, pp. 44-58.

Cazelles, H., *Le Messie de la Bible. Christologie de l'Ancien Testament,* Desclée, Paris, 1978, 240 p.

Clerget, J., «L'énigme et son interprétation. Reprise analytique des chapitres 2 et 7 du livre de Daniel», *Lumière et vie*, n° 160, 1982, pp. 36-47.

Coppens, J., «Un nouvel essai d'interprétation d'Is 7, 14-17», *Salamanca*, n° 23, 1976, pp. 85-88.

Delcor, M., *Le livre de Daniel*, Paris, Gabalda, 1971, 276 p.

Feuillet, A., «Le messianisme du livre d'Isaïe», dans *Études d'exégèse et de théologie biblique*, 1975, pp. 223-259.

Feuillet, A., «Le Fils de l'homme de Daniel et la tradition biblique», dans *Études d'exégèse et de théologie biblique*, 1975, pp. 435-493.

Grelot, Pierre, «Le livre de Daniel», *Cahiers Évangile*, n° 79, Cerf, Paris, 1992, 67 p.

Lapointe, R., «La métaphore messianique», *Science et Esprit*, n° 29, 1977, pp. 179-193.

Douzième chapitre

LA SURVIE: RÉSURRECTION DE LA CHAIR OU IMMORTALITÉ DE L'ÂME?

Notre survol de l'Ancien Testament ne serait pas complet, si nous ne prenions le temps de l'interroger sur la question de la vie après la mort. Les théologiens de toutes les religions ont dû affronter ce problème existentiel et ceux de la Bible n'ont pu l'éviter eux non plus. Nous relirons des textes bibliques pour redécouvrir l'évolution du concept de survie avant la résurrection de Jésus.

Rappelons les événements de l'histoire sainte...

Rouvrons le livre de Daniel pour y découvrir que c'est là, au chapitre 12, que pour la première fois la foi juive officielle faisait sienne la foi en la survie individuelle. On se souvient que ce texte a été rédigé vers 164 A.C., alors que les Juifs étaient persécutés pour leur foi par les armées d'Antiochus IV. Cela nous aide à comprendre que la foi traditionnelle, où la récompense se traduisait dans cette vie par des bénédictions matérielles, était complètement dépassée par les événements. Il fallait que, pour les théologiens, la justice de Dieu puisse s'exercer après la mort, pour que les martyrs puissent être rétribués comme ils auraient dû l'être de leur vivant.

Entre la révélation à Abraham et la rédaction du livre de Daniel, il a fallu au peuple juif près de mille sept cents ans pour arriver à croire que la mort ne pouvait pas mettre fin à une relation intime avec Dieu. Avant d'en venir là, il s'était contenté d'une récompense matérielle en cette vie. Il aura fallu que l'expérience de la vie en contexte de persécution vienne lui montrer le non-sens de cette foi en un Dieu pourvoyeur pour qu'Israël débouche sur l'idée d'une vie après la mort; d'une vie où la mort ne marquait pas la fin de l'existence humaine.

I. Évolution du concept de survie dans la Bible avant le chapitre 12 de Daniel

A) *Premier niveau: l'absence de survie*

Le témoignage des temps anciens nous apprend que la mort était vécue comme un phénomène naturel qui n'était pas sans inquiéter. Pour calmer ceux et celles que la mort angoissait, on a écrit que les justes meurent dans la paix à la fin de leur existence. En Gn 25, 8, on affirme qu'«Abraham meurt rassasié de jours». David fait de même «dans une vieillesse heureuse, rassasié de jours, de richesse et d'honneur» (1 Ch 29, 28). La Bible rapporte aussi quelques cas remarquables de longévité: Adam 203 ans, Seth 912 ans, Enosh 905 ans, Qénan 910 ans... et finalement Mathusalem, le plus comblé, avec ses 969 ans (Gn 5, 25-26). Tous ces personnages n'ont certes pas vécu aussi long-temps. Nous nous trouvons là devant une dramatisation de la réalité qui vise à réconforter les personnes que la mort trouble. On les assure qu'elles peuvent prolonger leur vie terrestre quasi indéfiniment en ayant une vie juste comme celle des person-nages mentionnés plus haut. Cette leçon d'espérance cadre bien avec la théologie de l'Ancien Testament toute axée sur la récom-pense temporelle. Il faut avouer que le sort des trépassés n'était pas de nature à réconforter la personne qui allait mourir, ou qui réfléchissait sur le sort qui l'attendait après sa vie terrestre. Après la mort, tous allaient au «shéol», un endroit souterrain et poussiéreux, fermé par une lourde porte, où il était impossible de vivre en relation avec les autres ou avec Dieu (Ps 49, 11; Jb 3, 11-19).

Cette façon de concevoir la vie humaine sera satisfaisante tant qu'Israël traversera des périodes de relative prospérité. Si quelqu'un meurt jeune, sans fortune et sans descendance, on dira que ce n'était qu'un bon à rien et qu'il a eu la récompense qu'il méritait. Mais quand le peuple juif devra affronter des moments difficiles, comme la chute de Jérusalem et les déportations massives à Babylone, cette ancienne théologie ne suffira plus. On s'interrogera sur les liens d'amour que Dieu avait établis avec son peuple : l'Alliance faite avec Abraham. On se demandera si Dieu ne l'a pas reniée pour toujours. On se dira qu'il y a certainement des justes parmi toutes les personnes qui ont été déportées.

B) *Second niveau: la survie nationale*

Oui, il y a des justes parmi les déportés. Avec Jérémie commence une nouvelle réflexion. Au chapitre 12 de Jérémie, le prophète s'interroge sur la justice de la rétribution terrestre en cas de crise (Jr 12, 1) :

«Tu es trop juste, Yahvé, pour que j'entre en contestation avec toi. Cependant je parlerai avec toi de questions de droit : Pourquoi la voie des méchants est-elle prospère? Pourquoi tous les traîtres sont-ils en paix?»

Ézéchiel (Éz 37, 1-14), en pleine déportation à Babylone, propose une idée nouvelle : la survie nationale[1]. Le peuple élu, qu'il considère comme mort en 587 A.C. lors de l'invasion babylonienne et de la destruction de Jérusalem, pourra revivre si les Juifs se convertissent et recherchent Dieu de tout leur cœur. Il avance même que le Seigneur conclura une «alliance éternelle» avec son peuple à cause de son amour pour lui. Les individus morts lors de la prise de la capitale ne ressusciteront pas, mais c'est au peuple, en tant que groupe, que cette bonne nouvelle est destinée.

L'idée de résurrection nationale fait donc entrevoir pour la première fois qu'il est possible qu'il y ait quelque chose après la mort; qu'il y ait une autre chance pour que la justice de Dieu puisse se réaliser.

---

[1] Reportez-vous au chapitre VIII du présent volume où nous avons étudié Éz 37, 1-14.

C) *Troisième niveau: la survie individuelle*

Au retour de l'exil, après 538 A.C., le sort de chacun des individus formant le peuple juif prend de plus en plus d'importance. Le groupe n'est plus celui avec qui Dieu avait fait alliance. Au contraire, Dieu entre en relation avec les personnes prises individuellement. La littérature psalmique commence timidement à interroger la théologie traditionnelle sur la possibilité pour une personne qui a mis toute son espérance en Dieu, d'éviter le shéol (Ps 16, 9; 30, 4; 49, 16; 86, 13; 90, 3; 103, 4). Bien que dans certains cas il puisse s'agir de témoignages de guérison et non de résurrection, le psalmiste fait naître l'espoir qu'une relation d'amour avec Dieu, commencée durant la vie terrestre, puisse se poursuivre après la mort. Ce n'est cependant qu'en 164 A.C. que nous rencontrons en Dn 12, 2, l'affirmation officielle de la survie dans la foi juive. Telles furent les circonstances dans lesquelles apparut, dans la Bible, l'idée de survie individuelle dont nous étudierons le développement de 164 à 50 A.C., à partir des témoignages de Daniel 12, 2, du Second livre des Maccabées, chapitre 7 et du livre de la Sagesse au chapitre 3, 1-9.

II. Le développement du concept de survie individuelle

A) *La survie en Daniel 12, 2 et en 2 Maccabées, 7: la résurrection de la chair*

1. *Le milieu de vie qui vit naître le concept de résurrection*

Pour bien comprendre Dn 12, 2, il faut savoir qu'il est rédigé en 164 A.C., alors qu'Israël est persécuté par Antiochus IV. Ce dernier veut que les Juifs abandonnent leur foi ancestrale pour adorer les dieux grecs. Cependant, 2 M 7, 1-14, qui porte les idées des Sadducéens et date du début du Ier siècle A.C., est fort utile pour connaître le milieu de vie de Dn 12, 2 et saisir son message concernant la forme de survie qu'il préconise, la résurrection de la chair. Ce passage biblique rapporte qu'une mère assiste au martyre de ses sept fils qui refusaient de manger de la viande de porc, comme on le leur demandait. Ils se conformaient ainsi à la Loi qui interdit de consommer la chair de cet animal. Ces faits, sans doute exagérés, illustrent bien le contexte dans lequel les théologiens durent accepter la survie personnelle. Pouvaient-ils continuer à dire que Dieu récompense les bons par une longue vie et des biens matériels, et punit les mauvais, si des jeunes hommes trépassent pour leur foi sans avoir été justement rétribués selon la théologie de l'Ancien Testament? Comment croire que Yahvé, si juste, puisse laisser aller au shéol des jeunes hommes qui donnaient leur vie pour sauver leur foi?

2. La résurrection de la chair en Daniel 12, 2 et 2 Maccabées 7[2]

a) Ressusciter, c'est revenir à la vie terrestre dans son corps de chair

Le texte de Dn 12, 2 décrit la résurrection comme un réveil qui ramène du pays de la poussière, c'est-à-dire du shéol. Quant à 2 M 7, 11, il développe Dn 12 et affirme que ce retour à la vie se fait dans le corps de chair que la personne habitait avant sa mort. Bien que ce verset soit un ajout postérieur, il représente tout de même la pensée théologique juive au sujet de la résurrection, à ne pas confondre avec la réincarnation qui, elle, soutient un retour à la vie dans un corps de chair différent.

b) Qui sont les personnes qui ressusciteront?

Selon le livre de Daniel, la résurrection est destinée seulement à certaines personnes, celles qui ont été injustement rétribuées durant la persécution d'Antiochus IV. C'est ainsi que certains bons et certains mauvais reviendront à la vie terrestre, les uns pour être récompensés et les autres pour être punis. La

---

[2] Pour bien saisir le contenu théologique de Dn 12, 2, nous devons le compléter par les explications du Second livre des Maccabées, écrit un demi-siècle plus tard. Dn 12 ne pouvait tout dire sur la question de la résurrection de la chair, le jour même où ce concept entrait dans la foi juive officielle.

résurrection permet donc de régler un problème de justice à une époque troublée car, en ressuscitant les morts, Dieu pourra mettre fin à des injustices et faire en sorte que la théologie de l'Ancien Testament s'applique à tous.

Un demi-siècle plus tard, dans un contexte bien différent où Israël est alors indépendant, l'auteur de 2 M 7 pense plutôt que la résurrection est due à la compassion de Dieu qui ne peut laisser aller ses amis au shéol. Il n'est plus seulement question de régler des problèmes de justice mais d'expliquer pourquoi il est légitime de croire que la mort ne marque pas la fin de l'existence humaine. C'est pour cela que la résurrection n'est promise qu'aux amis de Dieu (2 M 7, 14).

3. Conclusion sur Daniel 12 et 2 Maccabées 7 au sujet de la résurrection

La résurrection est l'œuvre de Dieu qui fait revenir une personne dans le corps de chair qu'elle habitait avant de mourir, pour vivre de nouveau et recevoir une rétribution équitable. Dn 12, écrit en contexte de persécution, croit que ce sont seulement les bons et les mauvais, mal récompensés par rapport à leur conduite durant la persécution d'Antiochus IV, qui reviendront à la vie. C'est donc pour faire justice, suivant la théologie de l'Ancien Testament, que le Seigneur ramène ces personnes sur terre. 2 M 7 ne porte pas exactement le même témoignage au sujet de ceux qui ont droit à la résurrection. Selon lui, ce sont seulement les bons que Yahvé fera revivre. Il le fera par compassion pour des amis qu'il ne peut se résigner à laisser aller au shéol. On constate donc une légère modification entre les deux témoignages, mais l'essentiel est le même: la résurrection consiste à revenir dans son même corps de chair pour vivre de nouveau sur terre.

B) *La survie dans le livre de la Sagesse (Sg 3, 1-9)*

1. *Le milieu de vie du chapitre 3*

L'auteur vit à Alexandrie, en Egypte, en plein cœur du monde hellénisé. Les Juifs ne sont pas victimes de persécutions comme à l'époque d'Antiochus IV, mais ils souffrent déjà de l'antisémitisme. De plus, la philosophie grecque représente le dernier cri de la pensée humaine. Les jeunes Juifs, attirés par elle, sont portés à abandonner leur religion pour se rapprocher du monde grec. Vers 50 A.C., l'auteur du livre de la Sagesse veut rendre la croyance en la survie personnelle plus accessible et plus crédible en se servant de la terminologie de la philosophie grecque pour l'expliquer.

2. *Le message de Sagesse 3, 1-9 : l'immortalité de l'âme*

a) *« Les âmes des justes sont dans la main de Dieu » (Sg 3, 1a)*

L'âme, c'est l'être profond d'une personne, ce qui fait de quelqu'un un individu différent des autres et surtout une créature unique aux yeux de Dieu. En d'autres mots, c'est ce qui habite et anime le corps de chair. On constate donc que la chair n'est qu'un véhicule utile dans le monde présent mais qui, selon Sg 3, 7-9, ne sera plus utile dans le monde à venir.

Seconde information découlant de Sg 3, 1a : la survie par l'immortalité de l'âme s'adresse à tous les justes, ceux et celles qui ont accompli la volonté de Dieu. On constate une évolution par rapport à Dn 12, 2 qui ne promettait la survie qu'aux individus, bons ou mauvais, qui avaient été mal rétribués durant la persécution d'Antiochus IV. En fait, Sg 3 reprend l'affirmation de 2 M 7 qui, dans un même contexte où la résurrection ne sert plus à régler un problème de justice, promettait aussi la survie à tous les amis de Yahvé. La différence entre 2 M 7 et Sg 3 se situe dans la façon de la concevoir. Sagesse ne parle jamais du retour à la vie de la chair, comme c'est le cas dans 2 M 7.

b) «*Nul tourment ne les atteindra....mais eux sont en paix*»
(Sg 3, 1b, 3b)

L'immortalité de l'âme assure aux justes qui sont décédés une existence marquée par l'absence de tourment. L'expression «être dans la main de Dieu» décrit plutôt un état de bonheur caractérisé par une sécurité qui vient d'une relation d'intimité avec Dieu[3]. La survie promise par Sg 3 est donc loin d'être impersonnelle. Au contraire, chaque juste continue d'exister avec le Seigneur dans un monde décrit symboliquement comme loin du nôtre : «...leur départ a été tenu pour un malheur et leur voyage loin de nous...» (Sg 3, 2b-3a). C'est donc toute la personne qui est sauvée de la mort comme le proclame la foi juive officielle depuis Dn 12, 2. Nous remarquons que la littérature biblique est unanime sur le point essentiel du concept de survie, Dieu ne laisse pas la mort anéantir ses amis.

c) *L'immortalité bienheureuse se prépare sur terre... (Sg 3, 4-6)*

Réfléchissant sur la difficulté de demeurer fidèles à Dieu dans une ville où les Juifs sont ridiculisés à cause de leurs coutumes et de leur foi, l'auteur de la Sagesse considère que les railleries et les souffrances rattachées à l'existence humaine constituent une épreuve que Yahvé fait passer aux siens pour éprouver leur amour. Sg 3 n'a pas brisé les cadres de la théologie de l'Ancien Testament, car son auteur veut sauvegarder la foi en une juste rétribution venant de Dieu, capable de récompenser les bons après leur mort physique. La situation de vie à Alexandrie ne pose pas de problème de justice par rapport à une persécution où certaines personnes auraient été injustement rétribuées, mais interroge plutôt la foi juive sur le sens de la souffrance dans une expérience de vie.

---

[3] Cf. *La Bible de Jérusalem*, note «k», p. 965.

d) Viendra un monde nouveau où les justes régneront...
(Sg 3, 7-9)

Les vv. 7-9 annoncent un avenir glorieux aux Juifs qui mourront en justes : ils jugeront les nations et domineront sur les peuples. On promet au Peuple qu'enfin, à la fin du monde des impies, c'est lui, le peuple choisi, qui triomphera. Ce sera le «Jour de Yahvé» attendu depuis si longtemps. Ce ne sont pas seulement les justes qui seront là à la fin du monde et qui profiteront du bonheur eschatologique, mais toutes les personnes ayant été trouvées dignes de survivre dans la main de Dieu. Ni ce passage (Sg 3, 7-9), ni d'ailleurs le reste du livre de la Sagesse ne soutiennent que la survie se fera dans le corps de chair. Au contraire, l'expression : «... comme des étincelles à travers le chaume ils courront», incite à attendre une forme de vie bien différente de la chair. Même si Sg 3, 7 reprend, de Dn 12, 3, le mot «resplendir» pour décrire la survie des justes, il ne partage pas l'espérance de revenir dans le corps de chair pour pouvoir revivre[4].

e) Qu'advient-il des impies? (Sg 3, 10-11)

Le sort des impies est rapidement décrit en Sg 3, 10-11. On dit qu'ils seront traités selon leur conduite durant leur vie terrestre : ils n'auront pas part à l'immortalité. D'ailleurs leur vie de tous les jours, où rien ne leur réussit, devrait leur montrer la futilité de leur existence.

3. Conclusion sur Sagesse 3, 1-9

Ce passage (Sg 3, 1-9), écrit à Alexandrie vers 50 A.C., fait voir une position relativement proche de celle de 2 M 7 sur le droit des justes à espérer que la mort ne vienne pas mettre un terme à leur relation d'amitié avec Dieu. Sg 3 et 2 M 7 se différencient de Dn 12, 2 qui, dans un contexte de persécution, promettait la survie seulement à certaines personnes, bonnes ou

---

[4] Cf. *La Bible de Jérusalem,* note «n», p. 965.

mauvaises, qui avaient été injustement récompensées par rapport à leur conduite face aux décrets d'Antiochus IV.

Sg 3 diffère de Dn 12, 2 et de 2 M 7 en ce qui a trait au mode de survie qui attend les justes. On n'y décrit plus la vie après la mort comme liée à un retour dans le corps de chair que la personne avait habité auparavant, mais on incite à croire à une survie visant à restaurer la capacité de vivre hors de ce corps. Enfin, il convient de signaler que Sg 3,1-9 ne peut être harmonisé à Dn 12, 2 ni à 2 M 7, en affirmant qu'il y a une première survie lors de la mort individuelle, qui se ferait sans le corps de chair, et une seconde, à la fin du monde, qui ramènerait la personne dans son corps de chair. Nulle part dans tout le livre de la Sagesse nous ne trouvons de trace d'une croyance en la survie de la chair.

C) *Comment réconcilier les témoignages bibliques sur la survie?*

Les trois textes étudiés plus haut semblent irréconciliables, mais un examen de leur contenu, à la lumière des anthropologies dont ils sont tributaires, montre qu'il n'en est rien, car ils se recoupent sur un point essentiel au sujet de la survie: Dieu ne laisse pas la mort anéantir la personne humaine. Le tableau[5] qui suit permet d'avoir une vue d'ensemble des anthropologies à la base de Dn 12, 2; 2 M 7 ainsi que de Sg 3, que nous comparerons avec celle de la philosophie grecque.

---

[5] Avant de commenter ce tableau, nous signalons qu'il constitue une extrême simplification des anthropologies, mais qu'il permet de clarifier d'autant la question de la survie. De plus nous avons écrit les mots grecs ou hébraïques de façon à ce qu'une personne parlant français puisse les prononcer.

Anthropologie juive	Anthropologie grecque	Anthropologie de Sagesse
1. *Rouah:* souffle de vie divin	1. *Âme:* (Pneuma) étincelle de vie divine	1. *Âme:* (Pneuma) a) souffle de vie de Dieu
2. *Néphèche:* émotions, désirs	2. *Corps:* (Sôma) a) émotions, désirs (Psukè)	b) émotions, désirs...
3. *Basar:* la chair	b) la chair (Sarks)	2. *La chair:* pas citée
survie personnelle	*survie impersonnelle*	*survie personnelle*

La conception de l'être humain selon la théologie juive traditionnelle

La foi juive traditionnelle, dont dépendent Dn 12, 2 et 2 M 7, s'articule autour d'une anthropologie différente de celle du monde grec et de celle du livre de la Sagesse. L'anthropologie juive traditionnelle considère que la personne humaine est constituée de trois grandes parties reliées entre elles; plus encore, chacune de ces parties peut être utilisée pour décrire toute la personne humaine. Il n'y a donc pas de division entre la chair (Basar), le siège de la vie intérieure (Néphèche) et le souffle de vie venant de Dieu (Rouah). Il en résulte que le message fondamental de Dn 12, 2 ou de 2 M 7 n'est pas que la chair doive ressusciter, mais que la personne sera protégée de l'anéantissement de la mort à cause de son intimité avec Dieu. Pourquoi alors avoir spécifié que la survie consiste à ressusciter le corps de chair? Parce qu'à cette époque il n'y a pas de vie possible (quand on parle de vie cela veut dire de possibilité de relation avec Dieu et avec les autres) sans que toute la personne ne reprenne vie. Le texte d'Éz 37, 1-14[6], décrit bien le type de survie que génère l'anthropologie juive traditionnelle. Il faut que les squelettes soient recouverts de chair (Basar) et que Yahvé envoie le souffle (Rouah) pour que la vie reprenne. Ainsi, croire en la résurrection de la chair veut d'abord dire croire que l'ami de

---

[6] Cf. chapitre VIII, p. 76.

Dieu ne puisse être anéanti par la mort et se retrouver au shéol, là où il est impossible de vivre en relation avec Dieu et avec les autres. Croire en la résurrection de la chair, c'est croire en une survie personnelle.

La conception de l'être humain selon la philosophie grecque

La seconde colonne du tableau met en évidence la conception bipartite de la personne soutenue par la philosophie grecque. L'une est divine et retenue prisonnière du corps humain, il s'agit du Pneuma traduit par le mot âme. Comme dans l'anthropologie juive, ce Pneuma constitue l'étincelle de vie venant des dieux et qui leur retourne à la mort. La seconde partie (Sôma) est entièrement humaine; elle est constituée par la Psukè qui représente le siège des émotions, des désirs et de l'intelligence ainsi que par la chair (Sarks). Elle est sujette à l'anéantissement à la mort. La philosophie grecque ne croyait pas que l'être humain puisse échapper à la destruction de la mort; et même ne le souhaitait pas, pour que l'âme retrouve sa liberté. Elle proposait une survie impersonnelle où seule la partie divine de l'être humain était sauvée.

La conception de l'être humain selon le texte de Sagesse 3, 1-9

La dernière colonne montre la conception de l'individu sur laquelle repose la théologie de Sg 3, 1-9 qui tente de redire le message de la Bible avec les mots de la philosophie grecque. L'auteur s'est donné cette tâche pour que sa foi ancestrale puisse résister à l'attrait qu'exerce la philosophie grecque sur ses coreligionnaires. Il propose lui aussi une anthropologie qui divise la personne en deux grandes parties. La première est constituée du souffle de vie divin (Pneuma ou Rouah) et du siège des émotions et des désirs (Psukè ou Néphèche); la seconde ne recouvre que la partie charnelle de la personne (Sarks ou Basar). Il en résulte un compromis où les anthropologies juive et grecque sont fondues pour donner une nouvelle façon d'exprimer la foi juive en une survie personnelle, car c'est toute la personne, sauf la chair, qui revient à la vie. Le texte de Sg 3 respecte intégralement le message biblique, à savoir que la survie s'adresse à toute la personne et non pas seulement à une partie divine qui lui a été prêtée par Dieu.

Daniel, les Maccabées et la Sagesse ne se contredisent pas.
Ils disent tous que la mort n'anéantit pas les amis de Dieu.

Les trois textes bibliques que nous avons étudiés ne se contredisent pas. Chacun d'entre eux, à sa manière, annonce que la mort ne peut anéantir une relation d'amitié qui s'est développée entre Dieu et une personne humaine. Si Dn 12, 2 et 2 M 7 semblent différer de Sg 3, nous savons qu'un but commun anime leurs auteurs respectifs : affirmer que l'amour de Dieu est plus fort que la mort. La Bible fait connaître la foi en une survie personnelle, peu importe la façon dont elle l'affirme, par la résurrection de la chair (Dn 12, 2 et 2 M 7) ou par l'immortalité de l'âme (Sg 3). C'est là que nous découvrons l'essentiel de notre foi chrétienne en la résurrection vécue par Jésus et promise à tous les croyants.

III. La résurrection chrétienne

A) *La résurrection selon la Première lettre aux Corinthiens*
(1 Co 15, 35-51)

La lettre aux Corinthiens s'adresse à des Grecs qui ne veulent pas d'une résurrection qui enfermerait l'âme dans le corps de chair pour toujours. Paul, endossant le concept biblique de survie personnelle, essaie d'expliquer à sa communauté de Corinthe que la résurrection chrétienne ne passe pas automatiquement par la résurrection de la chair. Il propose plutôt de croire en l'immortalité de la personne humaine, car, pour lui, le mot «corps» n'est pas synonyme de «chair» mais décrit l'être profond de chaque individu.

L'expérience de la germination, aux vv. 36-38, fait comprendre que si un grain ne meurt pas, aucune vie future n'est possible. Paul se sert de cette analogie pour faire saisir que la résurrection est une transformation totale et nécessaire dans laquelle l'être profond de la personne sera sauvé de la mort. Ensuite, un coup d'œil sur la création et la pluralité des formes de vie qu'on y rencontre (vv. 39-41) met en lumière qu'une résurrection qui passerait nécessairement par le retour à la chair humaine est une idée à courte vue. L'apôtre leur propose de prendre conscience de la diversité des chairs déjà présentes dans la création. Il y a celle des bêtes, celle des oiseaux, celle des poissons, et toutes elles sont différentes. Pourquoi penser que la résurrection ne peut se réaliser que dans la chair que l'humain a portée avant sa mort?

Non content encore de sa démonstration, il utilise les connaissances scientifiques de l'astronomie de son temps qui enseignait que les astres étaient des corps lumineux, des corps réels mais intouchables, constitués de lumière et non pas de matière. Paul exploite vraiment tous les moyens pour faire comprendre à sa communauté que la résurrection chrétienne n'implique pas nécessairement un retour dans la condition humaine actuelle. Il faut penser à la résurrection en terme de transformation, pour faire nôtre le raisonnement de l'Apôtre des Gentils.

Première conclusion: le corps terrestre précède le corps céleste (vv. 42-44a)

Les versets 42-44a constituent la conclusion logique du texte de Paul. Il aurait pu arrêter ici et tout aurait été dit. En effet, il a déjà exprimé que la vie à venir serait aussi différente que les «corps terrestres» le sont des «corps célestes». En d'autres mots, s'il faut un corps de chair pour vivre sur terre, de même en faudra-t-il un semblable aux corps célestes (c'est-à-dire immatériels) pour vivre dans le monde à venir, le monde céleste habité par Dieu.

Pour être bien sûr d'avoir convaincu les Corinthiens, il emploie, aux vv. 42-44a, l'ultime argument en sa possession: l'histoire du salut. Il partage la foi biblique affirmant qu'Adam avait été le premier homme créé par Dieu à partir de la terre, et que la vie lui avait été donnée par le souffle divin (Gn 1, 1-2, 24). Partant de cette croyance, il passe en revue toute l'histoire de l'humanité, d'Adam à Jésus, et conclut qu'il est nécessaire de porter l'image terrestre avant de revêtir l'image céleste. On doit vivre dans le corps de chair avant d'habiter le corps de ressuscité. La mort n'est qu'un passage nécessaire vers la transformation à laquelle nous sommes appelés.

Cette description des étapes de la vie humaine tire ses racines de la rencontre de Jésus que Paul fit sur le chemin de Damas, où il lui fut donné de constater qu'il était possible d'expérimenter la présence du Ressuscité d'une façon sensible, même s'il demeurait invisible. Pour lui, la conclusion était facile à tirer, la résurrection, c'est vivre réellement, être de nouveau capable de relation avec les autres, mais dans un corps différent du corps de chair.

Seconde conclusion: la chair et le sang ne ressusciteront pas (vv. 50-51)

« Je l'affirme, frères: la chair et le sang ne peuvent hériter du Royaume de Dieu, ni la corruption hériter de l'incorruptibilité. Oui, je vais vous dire un mystère: nous ne mourrons pas tous, mais tous nous serons transformés. » L'apôtre ne croit pas en une résurrection de la chair. Il croit à la résurrection de la personne dans un « corps spirituel », différent de celui que nous connaissons maintenant. Il importe de bien comprendre le vocabulaire paulinien, car lorsqu'il affirme que la chair n'entrera pas dans le Royaume à venir, Paul ne veut pas remettre en cause la foi en la survie individuelle de la Bible. Il veut tout simplement dire que la vie à venir ne ressemblera pas à la vie présente. D'où la nécessité d'insister sur le fait que la résurrection soit une nécessaire transformation commençant dès ici-bas et se terminant à la fin du monde.

B) *La résurrection chrétienne et la spiritualité d'aujourd'hui...*

La résurrection commence tout de suite ici-bas!

La littérature paulinienne nous apprend que la résurrection chrétienne commence dès ici-bas. Il n'est pas nécessaire d'attendre de mourir pour espérer vivre en ressuscité, pour espérer vivre de l'Esprit Saint. Le chapitre 6 de la Lettre aux Romains présente le baptême comme le moment où, par un engagement profond, une personne décide d'orienter sa vie sur la volonté de Dieu. Dès lors, elle entre dans une vie nouvelle semblable à celle du Ressuscité.

«Ou bien ignorez-vous que, baptisés dans le Christ Jésus, c'est dans sa mort que tous nous avons été baptisés? Nous avons donc été ensevelis avec lui par le baptême dans la mort, afin que, comme le Christ est ressuscité des morts par la gloire du Père, nous vivions nous aussi dans une vie nouvelle.» (Rm 6, 2-4)

On méconnaît souvent le sens profond du baptême et les véritables fruits d'une relation avec Dieu par Jésus. Ce n'est pas dans la richesse ou le pouvoir qu'on les découvre (les prophètes l'ont souvent répété), mais dans une transformation si profonde qu'elle nous permet de jouir d'une vie nouvelle. Ne serait-ce pas dans la foi, menant à l'amour de Dieu et des autres, que se trouve la clef qui ouvre la porte vers la «meilleure qualité de vie»?

Il faudrait cesser de faire une lecture historique des miracles du Nouveau Testament, pour y découvrir des témoignages de foi de personnes ayant changé profondément et qui nous appellent à faire de même. Elles nous convient à guérir de nos cécités pour voir la lumière véritable, à abandonner nos béquilles pour marcher à la suite de Jésus, à nous écarter des valeurs qui nous tuent pour vivre, dans la foi, une vie nouvelle, etc.

Comment reconnaître que le repas eucharistique constitue une célébration du bonheur que Dieu nous réserve? Tout simplement en accueillant, aidés par notre foi au Christ, les souffrances et les difficultés du présent comme Jésus en a donné l'exemple. Et, toujours dans la foi, goûter à la joie qui attend la personne capable de trouver dans l'épreuve le dynamisme nécessaire pour progresser humainement et spirituellement. Pour que ceci devienne réalité, il faut cesser de croire que la foi procure automatiquement tout ce que nous pouvons demander à Dieu. Certes il est nécessaire de dire à notre Père céleste ce dont nous avons besoin et ce dont nous rêvons. Cependant il ne faudrait pas oublier que la prière de Jésus, au soir de sa vie, se finissait par : «que ta volonté soit faite...» Plusieurs prières sont exaucées si nous savons reconnaître les signes et les gestes de Dieu en dehors du cadre étroit de nos demandes. Nous oublions souvent qu'il connaît bien mieux que nous ce dont nous avons réellement besoin. C'est pour cela que la résurrection chrétienne commence le jour où nous sommes capables de nous abandonner totalement entre les mains de Dieu. À ce moment-là, nous entrons dans une vie nouvelle, transformés profondément et capables de voir, de sentir et de goûter la présence du Seigneur dans notre expérience de vie.

Certaines personnes se demandent quand elles ressusciteront, tout de suite, à la mort individuelle ou à la fin des temps? Toutes les réponses sont bonnes, puisque la résurrection chrétienne doit être comprise comme une transformation totale qui se fait par étapes. Dans un premier temps, la foi et l'engagement à rechercher la volonté de Dieu fait entrer, dès ici-bas, dans une vie nouvelle. Les véritables chrétiennes et chrétiens sont des personnes épanouies et joyeuses, capables de reconnaître la présence du Seigneur autour d'elles. Elles sont vraiment en vie! Ensuite, une nouvelle phase de la résurrection est vécue à la mort individuelle. C'est alors au tour du corps de chair de se transformer en corps ressuscité ou glorieux. C'est là un passage nécessaire vers une forme de vie toute différente en compagnie de Dieu et des sœurs et frères qui nous ont précédés. Saint Paul, en 1 Cor 15, 35-51, n'a pas tenté de décrire cette nouvelle forme d'existence. Il s'est contenté de dire qu'il fallait accepter la mort pour accéder à une autre étape de la vie. Enfin, la foi chrétienne partage, avec la foi juive, l'espérance en un monde meilleur qui arrivera à la fin du monde, lors de la résurrection générale. Les personnes toujours vivantes et celles qui sont décédées depuis le début de l'aventure humaine sur terre ressusciteront ensemble pour vivre l'unité parfaite en Dieu; pour vivre le Royaume.

Pour continuer votre réflexion

— Connaissez-vous des personnes qui ont tellement changé qu'elles semblent jouir d'une vie nouvelle?

— Seriez-vous capable de dire que ces personnes ont déjà commencé à vivre la résurrection?

— Avez-vous vécu des expériences de transformation profonde qui vous ont fait accéder à une vie meilleure?

— Cette transformation était-elle le fruit de votre foi en Jésus Christ?

— Suite à cette réflexion, croyez-vous que la vie puisse surgir de la mort? À quelles conditions?

Bibliographie

Collectif, *La Bonne Nouvelle de la Résurrection*, Cerf, Paris, 1981, 156 p.

Grelot, Pierre,«Le livre de Daniel», *Cahier Évangile*, n° 79, Cerf, Paris, 1992, 67 p.

Grelot, Pierre, *Passion et résurrection du Seigneur*, Cerf, Paris, 1985, 390 p.

Lacocque, A., *Daniel et son temps*, Recherches sur le mouvement apocalyptique juif au deuxième siècle avant Jésus Christ, Labor et Fides, Genève, 1983, 234 p.

Lacocque, A., *Le livre de Daniel*, Neuchâtel, Delachaux et Niestlé, 1976, 188 p.

Larcher, C., *Études sur le livre de la Sagesse*, Gabalda, Paris, 1969, 442 p.

Léon-Dufour, Xavier, *Résurrection de Jésus et message pascal*, Seuil, Paris, 1971, 389 p.

Marchadour, A., «Mort et vie dans la Bible», *Cahier Évangile*, n° 29, Cerf, Paris, 1979, 61 p.

Méchoulan, H., «Révélation, rationalité et prophétie: quelques remarques sur le livre de Daniel», *Revue des sciences philosophiques théologiques*, n° 64, 1980, pp. 363-371.

Perrin, Jacques, «À travers la mort l'Esprit nous recrée pour la vie sans fin», *Nouvelle revue théologique*, n° 113, 1981, pp. 58-85.

Rigaux, Béda, *Dieu l'a ressuscité*, Duculot, Gembloux, 1973, 474 p.

CONCLUSION

Maintes fois nous avons constaté que les textes de l'Ancien Testament donnaient de Dieu l'image d'un roi tout-puissant, responsable de tout ce qui arrive sur terre. Cette conception montre bien que les Juifs n'avaient pas encore réussi à séparer le profane du spirituel, ce qui les amenait à espérer des récompenses matérielles en contrepartie de leur obéissance aux commandements. Ils n'avaient pas encore envisagé que la seule véritable richesse venant de la foi, c'est de connaître Dieu intimement. Cette réalité transforme profondément notre vision du monde et fait vivre la vie éternelle dès ici-bas. Cependant, même si l'Ancien Testament n'était pas arrivé à la foi que Jésus est venu révéler, il nous a appris une vérité fondamentale, que plusieurs oublient de nos jours, qui consiste à rechercher dans l'expérience de vie de tous les jours les signes de la présence et de l'amour de Dieu. Cela fait de l'Ancien Testament un guide spirituel encore utile pour notre temps, si nous savons le lire, c'est-à-dire si nous savons apprécier, dans la simplicité de ses récits, toute la profondeur de la foi du peuple juif. Le survol des grands moments de l'histoire du salut nous a donc fait redécouvrir la place de l'Ancien Testament dans l'exercice d'une pastorale qui veut faire ressortir l'amour de Dieu dans la richesse de toute l'expérience de vie.

La foi nous pousse à sortir de l'esclavage pour vivre libres

Les trois premiers chapitres portaient sur la sortie d'Égypte, sur la vocation de Moïse et les plaies d'Égypte. On a vu que la confiance en Dieu naît de l'accueil d'un geste d'amour gratuit de sa part. Une lecture historique des textes bibliques laisse croire que Yahvé est intervenu puissamment en faveur des siens, alors que leurs auteurs voulaient témoigner de la présence de Dieu aux siens, les appelant à se libérer par des signes dans leur vie de tous les jours (l'arrivée d'un « leader », Moïse, et le fait que de faibles esclaves aient pu fausser compagnie aux Égyptiens). Ce n'est donc pas dans l'extraordinaire que nous pouvons le plus facilement trouver des signes de Dieu, mais dans ce qui paraît tout simple. La sortie d'Égypte et les événements qui l'ont rendue possible révèlent aussi que la rencontre du Seigneur arrive le plus souvent d'une façon inattendue dans la vie de personnes s'étant engagées sérieusement dans un projet de libération. Si Dieu fait les premiers pas, nous devons aussi répondre positivement à ses avances.

Vivre libres, cela ne signifie pas vivre une vie facile!

La marche au désert nous a, par la suite, permis de découvrir que nous ne devions pas espérer une vie de foi facile. Ces récits ont éclairé nos propres hésitations à continuer d'avancer quand les tensions, naissant de la différence entre nos aspirations et la réalité, deviennent trop fortes. Ils nous ont aidés à prendre conscience des causes de notre agressivité à l'égard d'un Dieu que nous ne réussissons plus à reconnaître dans les jours difficiles. Enfin, l'expérience du peuple juif a révélé que le séjour au désert dure le temps nécessaire à chaque personne pour apprendre à faire confiance à Dieu.

Seul l'amour réussit à faire naître une conduite altruiste

C'est à partir du récit de la conclusion de l'Alliance au Sinaï que nous pouvons donner un sens à notre propre marche dans la vie. En effet, l'étude d'Exode 19-24 fait saisir que sans la traversée du désert, où les Juifs ont dû s'abandonner entre les mains de Dieu, il leur aurait été impossible de se donner une loi pour se rapprocher mutuellement. Cela fait comprendre que sans les rigueurs de la route de la vie et l'inconfort qui en résulte, personne ne sentirait le besoin de se rapprocher des autres pour affronter les difficultés. Il n'est pas toujours facile d'accueillir le véritable bonheur dans les relations qui nous unissent à nos semblables. Il est plus aisé de dire « j'aime Dieu », car cela n'est pas exigeant et ne dérange personne. De plus,

Ex 19-24 nous a donné le critère de base pour juger du bien-fondé d'une loi: nous aide-t-elle à dire notre amour de Dieu et des autres?

Sans la confiance en Dieu, il n'y a pas de terre promise

L'entrée en terre promise n'est possible qu'à la condition de porter un amour profond à Dieu et aux autres personnes qui vivent avec nous. Cela explique que le peuple juif y soit entré après de longues années de marche. L'étude du chapitre 6 du livre de Josué fait prendre conscience qu'avant Jéricho les Juifs n'étaient pas plus riches, ni plus puissants qu'après, car ils n'avaient conquis qu'un village agricole. Qu'y avait-il donc de changé pour que le sol qu'ils foulaient ait maintenant tant de valeur à leurs yeux? La prise de Jéricho révèle que la possibilité de vivre en terre promise est conditionnée par la confiance qu'on peut accorder à Dieu et aux autres, car aucune richesse ne saurait combler le désir d'absolu. Seule la foi permet de s'épanouir, grâce à l'amour et à la confiance, en brisant la barrière des limites que l'on s'impose.

Dieu n'est pas contre le fait que nous prenions notre vie en main

Étant entré en terre promise, que faut-il faire pour y demeurer? C'est la question que s'est posée le peuple juif devant les agressions répétées de ses voisins. Cette question est aussi la nôtre quand, après avoir découvert la présence de Dieu dans notre vie, nous éprouvons des angoisses qui nous font tout mettre en doute. Le récit de l'institution de la royauté nous apprend que les Juifs ont résolu leur problème en se dotant d'un régime politique qui allait assurer la stabilité de leur pays. Une actualisation du Premier livre de Samuel (1 S 8-12) nous a fait saisir que si nous voulons vivre dans plus de paix, de stabilité et de bien-être, nous devons prendre notre vie en main tout en demeurant fidèles à Dieu. Cela signifie donc que nous devons cesser d'attendre le bonheur du Seigneur sans avoir à nous impliquer. Nous devons mieux organiser notre existence pour éviter les malheurs qui font naître en nous un sentiment de culpabilité et qui nous font accuser Dieu d'en être le responsable. Ainsi, les déceptions qui rendent notre existence malheureuse ne sont pas des punitions pour nos péchés, mais des invitations à remettre en question notre façon de diriger notre existence.

L'essentiel, c'est le commandement de l'amour

La lecture des textes des prophètes Amos et Osée nous enseigne que le Peuple s'est attiré lui-même ses problèmes en délaissant le grand commandement de l'amour. Il a lentement oublié que son bonheur consistait d'abord à se rapprocher de Dieu et des autres. Il a de plus en plus développé le goût de la richesse et s'est attaché plus à la terre qu'aux personnes qui l'habitaient. C'est ainsi que sa foi s'est refroidie à un tel point qu'il s'en est servi pour excuser les injustices sociales. N'était-il pas béni de Dieu puisqu'il était riche et habitait un pays généreux? C'est donc avec beaucoup de colère que les habitants d'Israël ont accueilli leurs prophètes et ont refusé de se laisser remettre en question, préférant la fausse sécurité de la richesse. Ils ont choisi de creuser eux-mêmes leur propre enfer.

Savoir se laisser remettre en question, voilà une assurance de bonheur!

Le témoignage de Jérémie, écrit en pleine crise alors que Juda est sur le point de perdre son territoire et ses institutions, pose une question à notre façon de réagir devant les signes avant-coureurs d'un échec. En leur temps, les Juifs du Royaume du sud ont refusé d'écouter les mises en garde, comme l'avaient fait ceux du Royaume du nord. Ils auraient dû mieux accueillir Jérémie qui remettait en cause les fausses sécurités que les lois et les coutumes leur donnaient. Personne ne voulut renoncer à sa conduite, personne ne voulut revenir à la loi de l'amour. Leur façon de découvrir la présence de Dieu dans des bénédictions matérielles de richesse et de pouvoir ne les incitait pas à suivre Jérémie qui leur proposait de mettre tout cela de côté pour trouver le bonheur dans l'intimité de Dieu. Les témoignages de Jérémie et d'Ézéchiel font réaliser que moins une personne accepte de prendre ses responsabilités dans des moments d'échec, plus sa foi est en péril. En effet, elle s'éloigne des projets de vie du Seigneur qui n'attend que nous pour les réaliser et le laisse savoir par des signes placés dans notre vie quotidienne.

Que faire quand l'injustice semble triompher?

Par la suite, nous avons découvert la révolte juive devant la souffrance injuste du retour d'exil. Job et le Deutéro-Isaïe ont dû puiser dans leur foi des réponses qui allaient permettre à leurs coreligionnaires de surmonter cet obstacle. Nous pouvons nous imaginer le défi qu'ils ont dû affronter, parce qu'il n'est pas facile de donner un sens à la souffrance dont nous ne sommes pas responsables. Comment rendre compte de la famine, des cataclysmes, de la mort en bas âge, etc.? La réponse d'Isaïe, en Is 52, 13 — 53, 12, consiste à rappeler aux Juifs que l'acceptation de ce genre de souffrance sans se rebeller contre Yahvé a une valeur missionnaire. Comment ne pas être interpellé par la personne qui accueille les difficultés sans remettre sa foi en doute et qui, au contraire, y puise les forces pour ne pas se décourager? Ce texte nous dévoile la sagesse de l'Ancien Testament et nous interroge sur nos façons de réagir face à l'injustice. Le livre de Job, pour sa part, a confirmé qu'il n'y avait pas de réponse au pourquoi de la souffrance. Il nous a seulement remis en face d'une réalité bien simple : la personne qui a réellement rencontré Dieu ne se révolte pas; elle s'en remet à Dieu en toute confiance.

Parfois la vie est tellement difficile
qu'il n'y a pas de bonheur possible sans la confiance en Dieu

Les textes messianiques nous ont rappelé que le bonheur ne peut exister si nous manquons de confiance en Dieu. Les faux messies étant nombreux de nos jours (fausses valeurs, sectes, coutumes dépassées, etc.), nous devons être conscients des dangers qui nous guettent si nous essayons de nous bâtir une vie sur la base de nos seules forces ou en ne croyant qu'à ce qui est visible à nos yeux. Enfin, les témoignages des livres de Daniel, des Maccabées et de la Sagesse concernant la survie ont dévoilé toute la profondeur de la foi juive qui a cru contre toute espérance que Dieu était plus fort que la mort et qu'il ne la laisserait pas anéantir les êtres avec lesquels il s'était lié d'amitié.

Qu'est-ce que croire?
Que pouvons-nous attendre de la foi?

L'Ancien Testament est un livre rempli de témoignages découlant d'expériences de vie relues à la lumière de la foi. Que nous apprend-il concernant les implications et les conséquences de l'acte de croire? Les textes rapportant les grandes étapes de l'histoire du salut nous ont révélé que la foi ne fait pas connaître l'avenir, ne donne pas le pouvoir de contrôler la nature, mais permet d'accueillir toute l'expérience de vie dans la confiance, délivrant ainsi des angoisses et des peurs qui paralysent. Ils nous ont aussi fait prendre conscience que la foi doit être comprise comme une relation d'amour à établir avec la personne de Dieu, et non pas comme la source des bénédictions matérielles. Croire ne devrait pas faire de nous des personnes qui attendent que le Seigneur fasse tout à notre place; croire devrait plutôt nous aider à prendre nos responsabilités pour réaliser nos rêves et nous épanouir le plus possible.

Dans un tel contexte, nous pouvons nous demander ce que cela donne de croire. La réponse est simple: la foi, donnant accès à une relation profonde et personnelle avec Dieu, aide à vivre la vie au présent, en acceptant qu'elle puisse nous réserver des bons et des mauvais jours. En effet, comment pourrions-nous nous laisser décourager par les échecs, la souffrance, les injustices ou nos limites, si nous nous savons les amis d'un être tout-puissant et tout-amour? De plus, la foi-relation-à-Dieu décuple nos forces en nous permettant de compter sur quelqu'un qui nous aime et nous accueille toujours malgré les erreurs que nous commettons.

La foi n'est pas un chemin bien balisé...

Si la foi consiste à cheminer vers Dieu et avec Dieu, nous ne devons pas nous attendre à ce que tout soit clair sur la route de la vie. Comme nous l'avons maintes fois constaté, Dieu nous laisse libres, dissimulant ses signes dans le quotidien. Il en résulte que nous sommes plus attirés par nos rêves et nos illusions. Être une personne de foi, c'est se laisser remettre en question pour être sur la voie qui conduit à la volonté de Dieu. Aucune coutume ou aucune loi ne peut garantir la perfection. La rencontre de Dieu fait accéder à une vie nouvelle et se produit d'une façon différente pour chaque personne à partir de son expérience de vie, ce qui ne veut pas dire que nous puissions nous passer des lois pour manifester notre amour de Dieu et des autres. Si une loi ne remplit pas cette tâche et que quelqu'un se l'impose, il met sa foi en péril en faisant de son observance un objectif plus important que celui d'être près de la personne et de la volonté de Dieu.

Les dangers de la foi

Ceci nous amène à parler des dangers qui guettent ceux et celles qui découvrent les bienfaits que procure la confiance en Dieu. La foi ne met pas à l'abri de l'erreur. Ce n'est donc pas parce que nous avons pris une décision en priant que cela nous assure de la réussite de notre entreprise. Au contraire, nous devons plutôt attendre de la foi véritable le courage de nous remettre en question chaque jour.

En second lieu, la foi véritable n'amène pas une personne à rechercher la souffrance pour se mériter le ciel, ni à vouloir souffrir pour sauver les autres. Au contraire, elle devrait lui donner le dynamisme nécessaire pour combattre la souffrance sous toutes ses formes pour que le Royaume de Dieu devienne une réalité au plus tôt.

La foi ne devrait pas non plus faire de nous des êtres crédules, prêts à se jeter dans les bras du premier prêcheur rencontré. Les sectes, qui se multiplient à un rythme effarant et dans lesquelles on exploite les plus faibles, montrent bien que la personne qui cherche le bonheur est très fragile. Les guides qui nous sont envoyés par Dieu ont comme caractéristique de ne pas rechercher leur profit, mais de vouloir mettre en route vers une libération totale.

Nous rapprocher de la vie, c'est nous rapprocher de Dieu

Nous ne devons pas tenter de copier l'expérience de foi de nos ancêtres telle que la rapportent les grands moments de l'histoire du salut. Nous devons plutôt l'utiliser pour mieux saisir où nous en sommes sur la route de la vie; pour nous remettre personnellement et collectivement en question. Ce volume avait pour but de faire redécouvrir l'Ancien Testament comme un guide spirituel toujours important pour ceux et celles qui sont à la recherche d'une vie épanouissante. Nous espérons y avoir livré des clefs d'interprétation qui permettront de l'utiliser dans la prière et dans l'action, pour que de plus en plus de personnes soient en mesure de voir, d'entendre et de goûter les signes d'amour que Dieu laisse dans l'expérience de vie.

Annexe I

APPLICATION PASTORALE DE LA MÉTHODE EXÉGÉTIQUE HISTORICO-CRITIQUE

Les étapes de la méthode

1. *La critique des sources ou l'identification des auteurs d'un texte*

La critique des sources a pour but de rechercher les preuves littéraires (contradictions, changement du sujet de l'action sans avertissement, théologies différentes, etc.) démontrant que plusieurs auteurs ont écrit des versions indépendantes d'un même événement, qui furent ensuite fusionnées par un rédacteur final dont nous lisons le travail dans notre texte de la Bible. Les buts visés par ce travail sont d'identifier les divers auteurs d'un texte et de se dégager d'une lecture historique littérale où chaque détail est important pour lui-même.

2. *La critique du genre littéraire*

Cette seconde étape vise à découvrir l'intention de l'auteur de chacune des versions du récit. Partant du principe qu'un écrivain coule sa pensée dans une forme littéraire précise correspondant au but qu'il poursuit dans un texte, nous devons identifier le genre de récit à l'étude, pour trouver le message qu'on voulait transmettre. Ce travail permet de mettre en lumière que des textes, différents dans les détails, peuvent promouvoir un même contenu d'idées. C'est là que se trouve la parole inspirée autour de laquelle tout le reste du passage a été construit. La critique du genre littéraire dévoile la distinction qui doit être faite entre le fond et la forme d'un témoignage biblique. Le fond contient le message inspiré tandis que la forme n'est que la façon, retenue par le créateur d'une œuvre, pour communiquer avec ses lecteurs.

Comparaison avec d'autres textes

À l'occasion, quand c'est nécessaire et éclairant, on se sert d'autres textes bibliques ou extra-bibliques pour remettre en cause une lecture historique de l'Écriture ou pour nous aider à identifier le genre littéraire du récit biblique étudié.

3. *Milieux de vie et messages des auteurs*

Après avoir découvert le message qui unifie les versions des divers auteurs et le texte du rédacteur final, nous devons jeter de la lumière sur les influences du milieu de vie de chacun sur sa façon de formuler le message inspiré, pour qu'il soit bien compris. Cela nous aide à comprendre pourquoi un même contenu d'idées n'est pas présenté pareillement à des endroits et en des siècles différents.

4. *L'actualisation*

Enfin, encouragés par la tradition biblique qui a toujours su tenir compte du milieu de vie dans lequel les messages inspirés devaient être transmis, la dernière tâche consiste à faire de même pour aujourd'hui. Il est essentiel que les textes bibliques rejoignent l'expérience de vie actuelle, pour remettre notre foi en question et nous faire cheminer. Réciproquement, actualiser c'est aussi devenir sensibles aux signes de Dieu dans le monde d'aujourd'hui, et retourner interroger la tradition biblique de manière à y déceler la volonté du Seigneur.

Annexe II

LES DIFFÉRENTES TRADITIONS LITTÉRAIRES DU PENTATEUQUE

Nous présentons ici un résumé de l'hypothèse des quatre documents à la base d'une grande partie du texte du Pentateuque: les documents yahviste, élohiste, deutéronomiste et sacerdotal. L'hypothèse ne rend pas compte de tous les problèmes que pose la critique des sources à l'exégèse moderne, et elle est même remise en doute par un certain nombre de spécialistes[1]. Cependant elle demeure encore l'hypothèse qui a le plus d'adeptes de nos jours. Son étude permettra de comprendre les notes de *La Bible de Jérusalem* et de la plupart des commentaires des livres du Pentateuque: la Genèse, l'Exode, le Lévitique, les Nombres et le Deutéronome.

Tableau des traditions

«D»----
«E» 850-750 A.C.
Royaume
du nord (Israël)

Royaume unifié
«J» 950 A.C.

Royaume
du Sud (Juda)

«JE»   «D»   «P»   «JEDP»
700 A.C. 622 A.C. Exil à   400 A.C.
                    Babylone

---

[1] Pour en connaître davantage sur ce sujet, cf. De Pury, Albert et Amsler, Samuel, *Le Pentateuque en question*, Labor et Fides, Genève, 1989, 421 p.

J désigne la source yahviste — **E**, les sources élohistes — **JE**, les textes unifiant les traditions yahviste et élohiste — **D**, le travail rédactionnel deutéronomiste — **P**, la tradition sacerdotale.

La tradition yahviste

Selon l'hypothèse des quatre sources, le premier texte écrit de la Bible a été rédigé par des théologiens demeurant à Jérusalem à l'époque où le pays est encore uni sous le règne de Salomon, c'est-à-dire vers 950 A.C. On a donné le nom de tradition yahviste à cette première relecture de l'histoire d'Israël parce qu'on y appelle Dieu : Yahvé.

Du point de vue littéraire, l'auteur yahviste est un bon conteur, rédigeant des récits très vivants. Yahvé y est présenté comme très humain et près de ses créatures, mais en même temps il est le Tout-Autre qui commande et à qui on doit obéir. Il est aussi clément et toujours disposé à pardonner le péché des êtres humains, qui consiste à vouloir devenir comme Dieu. Le récit de la création et de la chute en Gn 2-3 en est l'illustration.

La tradition élohiste

Après la séparation du nord et du sud, lors du schisme de 935 A.C., le Royaume du nord (qu'on nomme aussi Israël) se retrouve avec une édition de la Bible qui ne correspond pas à la nouvelle situation politique. Comment lire un livre dans lequel on affirme que Yahvé protège la maison de David, alors que le pays est dirigé par des rois qui ne sont pas issus de la lignée davidique? Il fallait donc réécrire l'histoire ancienne du Peuple de façon à tenir compte de ce nouveau milieu de vie. Des théologiens rédigèrent alors la tradition élohiste en Israël entre 850 et 750 A.C. On lui donne ce nom parce qu'elle appelle Dieu : Élohim.

L'auteur élohiste est un moins bon conteur que son collègue yahviste, ses textes sont moins vivants et Élohim, qui est lointain, se révèle par des songes et des théophanies. La morale et le sens à donner au péché constituent une question importante dans un univers religieux où le véritable culte consiste à obéir à Dieu en respectant la Loi de l'Alliance. Enfin, le document « E » identifie le véritable homme de Dieu au prophète, alors que pour « J » c'était le roi qui le représentait sur terre.

L'unification des traditions yahviste et élohiste

Après la chute de Samarie, la tradition élohiste est fondue dans le texte de la tradition yahviste à Jérusalem, vers 700 A.C., pour n'en former qu'une seule, la tradition jéhoviste dont le nom est abrégé par les lettres: « JE ». Elle est rédigée à la demande du roi Ézéchias qui veut provoquer un renouveau national et religieux. On comprend que les théologiens de Jérusalem n'aient pas voulu perdre le texte de la parole de Dieu rédigé au Royaume du nord, sauvegardant ainsi l'idéal de l'unité nationale juive à une époque où Israël vient d'être annexé par l'Assyrie.

Du point de vue théologique, « JE » insiste sur le fait que le Peuple est constitué par deux entités: Israël et Juda. L'œuvre jéhoviste respecte la confiance que les gens du sud avaient en la dynastie davidique, ainsi que les idéaux moraux et spirituels du nord. Il manifeste enfin une grande confiance face à l'avenir grâce à la foi en Dieu.

La tradition deutéronomiste

Commencée au Royaume du nord avant la chute de Samarie, elle se retrouve surtout dans le livre du Deutéronome. Son but était de rédiger un texte de loi si rigoureux que les personnes qui le respecteraient seraient assurées de la bénédiction de Dieu. Notons en passant que son nom veut dire: « seconde loi ». Bien qu'écrite en Israël, c'est en Juda (le Royaume du sud) que la tradition deutéronomiste fut proclamée officiellement par Josias en 622 A.C. Alors qu'on restaurait le Temple, on découvrit ce manuscrit qui servit bien la cause du roi qui voulait réformer la foi juive et l'épurer de toute forme de syncrétisme.

Du point de vue littéraire, « D » se distingue par de nombreuses répétitions et par un style très engagé où l'auteur ne se contente pas d'enseigner, mais veut aussi convaincre d'obéir à Dieu. Ses idées principales sont que le Seigneur est le seul Dieu, qu'il s'est choisi un peuple qui doit l'aimer, que la Terre demeurera aux Juifs tant qu'ils respecteront l'Alliance et enfin que c'est dans la liturgie que le Peuple reçoit la parole de son Dieu. En 622 A.C., le texte biblique est donc formé de trois traditions: «JED», yahviste, élohiste et deutéronomiste.

La tradition sacerdotale

La tradition sacerdotale, dont le nom est abrégé en «P», prend naissance en exil à Babylone et au retour d'exil. Son objectif est de relire l'histoire du peuple choisi de façon à en produire une version pour encourager les Juifs qui ont perdu leur pays ou qui doivent le reconstruire difficilement. Son contenu reprend celui des traditions yahviste et élohiste en l'adaptant à un milieu de vie bien différent.

Son auteur a un style sec. Il aime les chiffres, les répétitions des mêmes formules et les énumérations. C'est ainsi que les généalogies sont nombreuses. Le culte est primordial et les prêtres, qui assurent la survie du Peuple, ont remplacé la personne du roi de l'école yahviste ou celles des prophètes chez les Élohistes. «P» a situé les lois à l'intérieur de récits qui en donnent le sens, ce qui met en valeur l'effort d'actualisation qu'il fait.

Ainsi, au retour d'exil, il existe deux versions différentes de la Bible: celle qui existait avant l'exil, «JED», et celle qui vient tout juste d'être écrite, «P». Cette situation ne pouvait se prolonger indéfiniment. Comment serait-il possible qu'un Dieu unique s'exprime dans deux traditions si différentes? Ainsi, vers les années 400 A.C., toutes les traditions ont été fusionnées pour donner le texte biblique que nous connaissons: «JEDP[2]». On attribue souvent ce travail au prêtre Esdras.

---

[2] Pour de plus amples informations sur les caractéristiques des différentes traditions, cf. Étienne Charpentier, *Pour lire l'Ancien Testament,* Cerf, Paris, 1981, 124 p.; J. Briend, «Une lecture du Pentateuque», *Cahier Évangile,* n° 15, Cerf, Paris, 1976, 59 p.

Annexe III

LA GUERRE SYRO-ÉPHRAÏMITE

La guerre syro-éphraïmite eut lieu vers 734 A.C.: «le roi d'Aram et le roi d'Israël (le Royaume du nord) voulaient entraîner Juda (le Royaume du sud) dans une coalition contre l'Assyrie. Achaz (le roi de Juda) demanda le secours de Téglath-Phalasar (roi d'Assyrie), qui attaqua Damas (capitale d'Aram) et Samarie (capitale du Royaume du nord) et contraignit Juda à devenir son vassal[1]». La carte géographique qui suit aidera à mieux situer le conflit.

Informations concernant la guerre syro-éphraïmite

Carte géographique

Informations sur les forces en présence:

Celles qui attaquent Jérusalem:

ARAM:

nom du pays:	Aram
nom du roi:	Raçôn
nom de la capitale:	Damas

ISRAËL:

noms du pays:	Israël ou Royaume du nord ou Éphraïm
nom du roi:	Péqah
nom de la capitale:	Samarie

JÉRUSALEM:

JUDA:

noms du pays:	Juda ou Royaume du sud ou Maison de David
nom du roi:	Achaz
nom de la capitale:	Jérusalem

L'Assyrie contre qui Aram et Israël tramaient un complot:

nom du roi:	Téglath-Phalasar
nom de la capitale:	Assur

---

[1] *La Bible de Jérusalem,* Cerf et Éditions Paulines, Paris, 1988, note « o », p. 1099.

Le chapitre 16 du Second Livre des Rois décrit bien la guerre syro-éphraïmite:

«C'est alors que Raçôn, roi d'Aram, et Péqah fils de Ramlayahu, roi d'Israël, partirent en guerre contre Jérusalem, ils l'assiégèrent mais ils ne purent pas la réduire. [...] Alors Achaz envoya des messagers à Téglath-Phalasar[2], roi d'Assyrie, pour lui dire: «Je suis ton serviteur et ton fils! Viens me délivrer des mains du roi d'Aram et du roi d'Israël, qui se sont levés contre moi.» Achaz prit l'argent et l'or qu'on trouva dans le Temple de Yahvé et dans les trésors du palais royal et envoya le tout en présent au roi d'Assyrie. Le roi d'Assyrie l'exauça, il monta contre Damas et s'en empara; il déporta les habitants à Qir et fit mourir Raçôn.» (2 R 16, 5-9)

Le roi de Jérusalem, en se déclarant vassal de l'Assyrie en 734 A.C., fut sauvé par l'intervention de Téglath-Phalasar qui s'empara de Damas, capitale d'Aram en 733-732 A.C. Par ailleurs, le chapitre 17 du même livre expose le sort réservé à Israël:

«Salmanasar[3], roi d'Assyrie, monta contre Osée (roi d'Israël entre 732-724 A.C.), qui se soumit à lui et lui paya tribut. Mais le roi d'Assyrie découvrit qu'Osée le trahissait: celui-ci avait envoyé des messagers à Saïs, vers le roi d'Égypte, et il n'avait pas livré le tribut au roi d'Assyrie, comme chaque année. Alors le roi d'Assyrie le fit mettre en prison, chargé de chaînes.

Le roi d'Assyrie envahit tout le pays et vint assiéger Samarie pendant trois ans. En la neuvième année d'Osée, le roi d'Assyrie prit Samarie et déporta les Israélites en Assyrie. Il les établit à Halah et sur le Habor, fleuve de Gozân, et dans les villes des Mèdes.» (2 R 17, 3-6)

L'auteur porte aussi un jugement sur les raisons qui ont amené ce grand malheur sur Israël:

---

[2] Il s'agit de Téglat-Phalazar III, qui régna sur l'Assyrie de 745 à 727 A.C.
[3] Il s'agit de Salmanasar V, successeur de Téglat-Phalazar III, qui régna de 727 à 722 A.C.

«Cela arriva parce que les Israélites avaient péché contre Yahvé leur Dieu, qui les avait fait monter du pays d'Égypte, les soustrayant à l'emprise de Pharaon [...]

Pourtant, Yahvé avait fait cette injonction à Israël et à Juda, par le ministère de tous les prophètes et de tous les voyants: «Convertissez-vous de votre mauvaise conduite, avait-il dit, et observez mes commandements et mes lois [...]

Les Israélites imitèrent le péché que Jéroboam avait commis, ils ne s'en détournèrent pas, tant qu'enfin Yahvé écarta Israël de sa face, comme il l'avait annoncé [...] il déporta les Israélites loin de leur pays en Assyrie, où ils sont encore aujourd'hui.» (2 R 17, 7, 13, 22-23)

Ce témoignage, écrit après la déportation des Juifs du Royaume du nord en Assyrie, nous affirme qu'elle constitue le résultat des nombreuses fautes d'Israël, malgré le fait que les prophètes eussent prévenu la population de ce qui l'attendait si elle ne se convertissait pas.

Il est possible de relativiser la portée de cette affirmation en la comparant au point de vue assyrien, rapporté dans un texte décrivant la campagne du roi Sargon II contre la ville de Samarie vers 721 A.C.:

«Les gens de Samarie qui s'étaient mis d'accord avec un roi, mon ennemi (?), pour ne pas faire acte d'allégeance et ne pas livrer de redevance et firent la guerre, je combattis contre eux avec la force des grands dieux mes Seigneurs; je comptai pour prisonniers 27 280 personnes ainsi que leurs chars et les dieux en qui ils se confiaient. Je levai parmi eux 200 chars pour mon contingent royal et j'installai le reste en Assyrie même. J'accrus la ville de Samarie et je la rendis plus grande qu'avant; j'y fis venir des gens des pays qu'avaient conquis mes propres mains; j'installai à leur tête un mien haut fonctionnaire comme gouverneur et je les comptai parmi les gens d'Assyrie[4].»

Selon ce témoignage étranger à la Bible, on peut penser que ce n'est pas pour punir les Samaritains de leurs fautes que le roi

---

[4] Jacques Briend, «Israël et Juda», *Cahier ÉVANGILE*, (Supplément au Cahier Évangile n° 34), Cerf, Paris, 1980, p. 67.

Sargon II est allé s'emparer de leur ville, la capitale du Royaume du nord, mais pour se venger du fait que ces gens s'étaient liés avec un autre roi pour tenir tête à la puissante Assyrie. La chute d'Israël serait due à une politique extérieure mal conduite et non pas à des péchés qui auraient déchaîné la colère de Yahvé.

Annexe IV

RÉSUMÉ

L'histoire du salut est constituée d'événements qui ressemblent étrangement à ce que toute personne est appelée à vivre dans le cadre d'un cheminement vers Dieu. Comme le peuple juif, elle connaît des hauts et des bas. Certains jours, elle se sent si près du Seigneur qu'elle croit être en mesure d'y toucher, à d'autres moments il lui semble qu'elle est abandonnée en plein désert. Nous pensons donc que l'Ancien Testament peut constituer une bonne carte routière des méandres de notre cheminement spirituel, si nous sommes en mesure de bien le comprendre. Partons à la découverte d'un livre dans lequel nos ancêtres dans la foi ont voulu mettre par écrit ce qu'ils avaient de plus précieux à nous transmettre : la certitude qu'une vraie relation avec Dieu est source d'une espérance sécurisante face à un devenir incertain.

**L'histoire du salut du peuple juif
correspond à notre quête de Dieu aujourd'hui.**

Premier chapitre : La sortie d'Égypte

La sortie d'Égypte est caractérisée par le passage de la mer (Exode 14, 10-31) où Dieu sauve son Peuple qui s'était enfui d'Égypte. Cet événement est interprété par les Juifs[1] comme

---

[1] Dans le cadre de cette annexe, l'expression «les Juifs» se rapporte au peuple choisi, peu importe l'époque de son histoire.

la preuve que Dieu veut les libérer de l'esclavage. Nous ne discuterons pas ici des circonstances dans lesquelles tout cela s'est effectué. Rappelons-nous cependant que c'est après avoir vu les «plaies d'Égypte» que les Israélites s'étaient mis en route. Ils ont donc participé activement à leur libération, sachant que c'était là le désir de Yahvé. Cet événement constitue la pierre angulaire de la foi juive et, toutes les fois que celle-ci sera en péril parce que le Peuple souffrira trop, ses prophètes et ses sages lui rappelleront le souvenir de ce miracle. Symboliquement, le passage de la mer correspond à la victoire qu'Israël a remportée contre les forces du mal.

Cet événement correspond à notre propre libération

Toute personne ayant commencé un cheminement de foi est capable de se souvenir d'un événement ou d'une série d'événements par lesquels elle a été appelée à se libérer de ses esclavages et à se mettre en route sur un chemin qui conduit à Dieu et au bonheur. Comme le peuple choisi, elle a été appelée à vaincre les forces qui la retenaient prisonnière et la paralysaient. Cette libération peut s'être faite d'une façon subite, comme ce fut le cas de Paul, elle peut aussi s'être effectuée graduellement par l'accumulation de signes interprétés, après coup, comme venant de Dieu. Aujourd'hui, comme il y a presque trois mille ans, Yahvé veut toujours la libération de celles et de ceux qui veulent le suivre. Il veut que nous soyons vraiment libres pour choisir d'une façon responsable lorsque vient le moment de prendre des options fondamentales.

Deuxième chapitre: la vocation de Moïse

La vocation de Moïse (Exode 3, 1-4, 9) précédant le passage de la mer: nous voilà revenus en arrière dans l'histoire du salut. Cette façon de faire est justifiée, car c'est souvent après avoir rencontré Dieu d'une façon marquante que nous nous mettons à rechercher ce qui avait préparé cet événement important. La lecture des faits entourant la sortie de l'esclavage montre que Dieu avait commencé à réaliser cette libération bien avant que les Juifs ne s'en rendent compte. Écrasés par les durs labeurs imposés par les Égyptiens, ils ne se rendaient pas compte que leur Dieu préparait déjà leur passage vers la terre promise. Ce n'est qu'après coup qu'ils saisiront que l'appel de Moïse était un autre geste libérateur de Yahvé.

Cet événement correspond à notre rencontre d'un guide spirituel

Si vous réfléchissez bien à la façon dont Dieu vous a appelé à la liberté, vous vous rendrez peut-être compte qu'il vous a fait rencontrer quelqu'un qui, par sa conduite, vous a donné le goût de la liberté et vous a guidé vers un Dieu-libérateur. Cette personne n'est pas responsable de votre libération, elle ne sait peut-être même pas tout le bien qu'elle vous a fait, mais avant même que vous ne vous en rendiez compte, le Seigneur l'avait déjà placée sur votre route pour vous aider. Vous êtes peut-être un Moïse pour quelqu'un, sans le savoir...

Troisième chapitre : les plaies d'Égypte

De nouveau nous nous situons avant le passage de la mer. Ces phénomènes naturels, énumérés en Exode 7, 8 — 11, 10, ont été interprétés après coup comme des signes de la volonté de Dieu de faire sortir son peuple de l'esclavage. La lecture de ces textes y fait découvrir l'image d'un Dieu puissant, à l'œuvre dans le quotidien, pour sauver les personnes qu'il aime. Ces signes nous mettent en face d'un Dieu capable d'utiliser sa force pour nous insuffler le courage nécessaire à un début de cheminement vers le bonheur.

Cet événement correspond aux signes de Dieu
dans notre quotidien

Plusieurs individus, témoignant de leur rencontre du Seigneur, disent avoir été attirés vers Dieu en contemplant le spectacle des beautés de la nature. D'autres avouent avoir été interpellés par les valeurs humaines qui nous dépassent comme l'amour, la bonté, etc. Nous remarquons que Dieu se sert de tout ce qui nous entoure pour se rappeler à nous, pour faire irruption dans notre vie. Il nous accompagne et nous donne des signes visibles et bien à notre portée comme point de départ du plus grand des miracles : une rencontre entre l'être humain et son Créateur.

Quatrième chapitre : la marche au désert

Première partie : les difficultés de la route

Reprenant le cours des événements entourant la sortie d'Égypte, la Bible décrit la marche au désert qui dura quarante ans dans des circonstances très pénibles. Elle fut marquée par la peur des Égyptiens, la peur de se perdre, le manque d'eau et de nourriture. Les auteurs de ces récits s'efforcent de présenter Dieu comme celui qui ne laisse pas son Peuple manquer de l'essentiel. Aussitôt que ce dernier murmure, Yahvé intervient pour combler ses besoins. Cette façon de décrire l'empressement avec lequel le Seigneur intervient fait saisir le message essentiel : Dieu n'abandonne jamais personne au désert. Il donne toujours le nécessaire à chacune et chacun, ce qui permet de faire un pas de plus vers la terre promise. Ces textes deviennent des encouragements à ne pas retourner en arrière où il n'y a que l'esclavage. Ils sont destinés à des personnes qui pensaient être déjà arrivées dans le pays où coulaient le lait et le miel et qui sont déçues devant tant d'aridité.

Cet événement correspond à nos propres traversées du désert

Quand nous recherchons le bonheur et la paix dans une relation avec Dieu, nous découvrons lentement toutes les illusions dont il faut nous départir pour nous rapprocher de nos objectifs. Comme les Juifs au désert, nous devons apprendre à mieux connaître Dieu. Pour ce faire, la vie se charge de nous envoyer les épreuves qui vont faire en sorte que nous nous acceptions comme des êtres ayant besoin de Dieu pour les guider vers le salut. C'est à ce moment que nous comprenons le sens symbolique des quarante ans passés au désert. En effet, cette épreuve dure tant et aussi longtemps que nous ne sommes pas capables de faire la différence entre désert et terre promise. Le désert est essentiel dans une expérience de foi. Il enseigne ce qu'il faut savoir pour être en mesure de séparer nos désirs de ceux de Dieu et accueillir ainsi le salut qu'il nous a préparé.

Deuxième partie: l'Alliance au Sinaï

L'Alliance au Sinaï s'est faite durant la marche au désert et elle culmina dans le don des dix commandements ou paroles de Dieu. «Paroles de Dieu, paroles de vie». Cette expression décrit bien le sens des tables de la Loi. Au départ, ces préceptes ont été donnés au peuple pour lui permettre de vivre. En fait, le contenu d'Exode 20, 1-18, les présente comme la base législative sans laquelle il n'y a pas de vie de peuple possible. Comment vivre ensemble s'il est permis de voler, de tuer, de violer, etc.? Lentement le Peuple apprend à connaître son Dieu qui lui inspire une règle de vie pour vivre d'une façon harmonieuse. Ces engagements transformeront les Juifs et les rendront dignes d'entrer en terre promise.

Cet événement correspond à nos engagements envers Dieu

Après avoir perdu nos fausses idées sur Dieu, après nous être rendu compte que nous devons participer activement à notre salut, nous ressentons le désir de nous attacher à Lui. Les engagements de foi que nous prenons alors nous transforment et nous rendent aptes à entrer en possession de notre terre promise. De plus, ces engagements font de nous des témoins de Dieu dans le monde, s'ils sont le résultat d'une prise de décision faite en toute liberté en réponse à son amour.

Cinquième chapitre : l'entrée en terre promise

Après quarante ans de marche dans le désert, les Juifs conquièrent la ville de Jéricho, porte de la terre promise quand on y arrive par le sud. Elle représente bien plus qu'un simple coin de terre. Pour le Peuple, c'est le symbole du retour en grâce auprès de Dieu, car cet exploit guerrier se confond avec un don de Yahvé. La lecture de Jos 6, 1-25 montre bien que les Juifs y découvrent bien plus qu'un lieu de résidence. Pour eux, c'est la clé qui leur permet enfin de trouver un endroit où ils pourront vivre en paix et goûter au bonheur en toute sécurité.

Cet événement correspond à la découverte
de notre « terre promise »

Les engagements que nous prenons durant notre propre traversée du désert nous transforment et nous préparent à entrer en terre promise. En fait, ils nous préparent à accueillir un don de Dieu. Cette dernière phrase montre bien le paradoxe que vit la personne qui, après avoir découvert l'état de vie, la profession ou l'endroit dans le monde qui lui procure la paix et la sécurité, se rend compte qu'elle n'a fait que reconnaître ce que Dieu lui avait préparé depuis longtemps. Il est évident qu'elle a dû faire des efforts pour arriver à vivre cette joie, mais au fond elle sent que, sans l'aide du Seigneur, jamais elle n'aurait réussi à sortir du désert et à trouver ce qui la rend si heureuse.

Sixième chapitre : la royauté

Arrivés en terre promise, les Juifs vont vivre sous le gouvernement des Juges durant presque deux siècles. Cela veut dire qu'ils n'auront pas de chef permanent durant ce temps, puisqu'un juge est une personne choisie et envoyée par l'Esprit du Seigneur pour sauver le pays lorsqu'il est au bord de l'abîme. La lecture de 1 Samuel 8 montre que cette forme de gouvernement ne satisfait plus l'ensemble du Peuple. On décide alors de se choisir un roi. L'histoire de l'institution de la royauté est racontée en 1 S 8-12. Israël pensait qu'avec un roi le pays serait à l'abri des chefs qui acceptaient des biens matériels en échange de décisions favorables. Il croyait que le pays serait plus en sécurité, car il serait dirigé par quelqu'un capable de l'unir contre les ennemis. Enfin on voulait être comme les autres peuplades de ce temps-là, pour qui tout semblait bien aller. La royauté est le système politique qui devait permettre aux Juifs de profiter au maximum de leur terre et leur donner la sécurité sur leur sol. Une seule condition est imposée à Israël : même s'il se donne des rois, il devra toujours laisser la première place à Dieu dans ses choix.

Cet événement correspond à la prise en main
de notre propre existence

Ayant conquis notre terre promise, c'est-à-dire ayant découvert l'état de vie qui nous était destiné, un lieu où il est possible de nous épanouir, etc., nous avons le droit d'espérer y demeurer longtemps. Il nous faut donc prendre notre existence en main pour que cela se produise. 1 S 8-12 révèle que Dieu n'est pas contre le fait qu'une personne veuille devenir responsable de son existence. Au contraire, il affirme que c'est notre responsabilité de découvrir et d'organiser le milieu humain qui va nous permettre de nous épanouir et d'être fidèles à Dieu. Cependant, ce texte nous rappelle que, dans tous les choix que nous devons faire, c'est la recherche de la volonté de Dieu qui nous conduira vers la meilleure décision.

Septième chapitre : le prophétisme

Le peuple juif avait décidé d'organiser sa politique de façon à être plus en sécurité chez lui et d'en finir avec les injustices. C'était là une très bonne décision. De plus, la royauté devait le guider vers Dieu d'une façon plus sûre, le roi étant un guide permanent. L'histoire nous apprend qu'Israël a vécu une grande désillusion, car plusieurs rois et bien des Juifs vont prendre goût à l'argent et au pouvoir, et les injustices sociales vont apparaître. On abandonnera Yahvé pour courir vers les faux dieux et les illusions. Dans ces temps difficiles, les prophètes, hommes de foi profonde, vont proclamer la volonté de Dieu aux oreilles de ceux et celles qui semblent incapables de la découvrir par eux-mêmes. Ils seront la conscience du Peuple, ils seront ses juges. S'ils annoncent toutes sortes de malheurs, c'est pour que leurs coreligionnaires se convertissent, non pas pour répandre une image de Dieu colérique. Osée 1-3 en est un bon exemple.

Ces textes posent question dans les moments
où nous oublions Dieu et les autres

Quand tout va trop bien, nous oublions souvent de rechercher la volonté de Dieu, nous en venons à penser davantage à nous et, à vrai dire, nous ne pensons plus qu'à vivre pour nous-mêmes. C'est alors que nous rencontrons des personnes qui nous rappellent que nous pouvons perdre notre terre promise, si nous ne nous préoccupons pas de nous rapprocher de celui qui nous l'a donnée et des autres qui, comme nous, y habitent. Le prophète d'aujourd'hui n'annonce plus de malheurs venant de Dieu, mais il nous invite à penser que nous nous punissons nous-mêmes en nous donnant une vie d'enfer qui nous éloigne de nos frères, de nos sœurs et du Seigneur.

Huitième chapitre : l'exil à Babylone

Entre 597 et 582 A.C., des milliers de Juifs sont déportés en exil à Babylone. Vers 587 A.C., Jérusalem et le Temple sont détruits. Le peuple juif est officiellement mort, les Israélites ont perdu leur terre promise. Ils vivent très durement cette réalité. Ils croient que Dieu les a abandonnés, qu'il leur a retiré son amitié et qu'il a renié l'Alliance et les promesses de bonheur qu'il avait faites à Abraham et à Moïse. Au pire moment de l'histoire juive, les prophètes Jérémie et Ézéchiel viendront redonner courage au Peuple en lui annonçant qu'il lui reste une chance de reprendre vie, s'il reconnaît ses fautes, accepte la juste punition et se convertit. Jérémie, au chapitre 29, dévoile les desseins de bonheur que Yahvé réserve à ceux qui se repentiront.

Cet événement correspond à notre propre descente aux enfers

Il n'est pas sûr que tous les croyants et les croyantes vivent la perte de ce à quoi ils tiennent le plus au monde. Cependant, la personne qui doit faire un tel deuil ne doit pas penser que c'est Dieu qui la punit pour une mauvaise action, ni croire qu'il la rejette ou veut se venger d'une infidélité, car Jésus nous a enseigné que son Père est tendresse et pardon, qu'il ne ferme jamais sa porte. Si nous voulons nous rapprocher de lui, nous devons prendre nos responsabilités et cesser de nous dire châtiés ou frappés injustement. C'est alors que nous découvrirons un Dieu qui supporte et réconforte. Voilà la différence entre le Dieu de Jésus et celui de l'Ancien Testament : l'un pardonne gratuitement, tandis qu'on pensait que l'autre punissait avant de le faire.

Neuvième chapitre : le retour d'exil

Alors que les Juifs sont toujours en exil, une victoire de Cyrus, roi des Perses, redonne confiance au Deutéro-Isaïe. Selon lui, cet événement montre que Dieu a pardonné à son peuple et qu'il le ramènera bientôt en Terre sainte. Cette conviction, basée sur une lecture de l'histoire à partir de la théologie de l'Ancien Testament, n'est pas partagée par l'ensemble des Juifs qui ne voient là aucun signe évident permettant de croire que les choses puissent bientôt changer. Ils voudraient être sûrs que le cauchemar est fini, et c'est pour cela qu'ils préfèrent rejeter les messages de confiance des prophètes et des théologiens du temps. Serait-ce qu'après avoir perdu ce à quoi ils tenaient le plus au monde : le pays, Jérusalem et le Temple, ils aiment mieux ne pas se faire blesser davantage par de fausses espérances? Comment redonner confiance dans une situation que l'ensemble du peuple juif juge sans espoir? C'est ce problème que devront affronter ceux qui, en exil, ont gardé la foi.

Cela correspond à nos efforts pour retrouver le bonheur
après une période douloureuse

Après avoir perdu ce à quoi on était le plus attaché, on s'attend souvent à ce que toutes les marques s'effacent d'elles-mêmes. On pense que le temps va tout arranger... Comme les Juifs qui n'attendaient plus rien de Yahvé au retour d'exil, on espère que les choses reviendront miraculeusement comme avant, plutôt que de repenser notre relation avec Dieu. Il nous faut un certain temps pour nous rendre compte qu'il faudra conquérir une autre terre promise, c'est-à-dire qu'il faudra encore une fois nous laisser guider dans un désert, quasi aussi terrible que le premier, à la recherche d'un havre de paix et de bonheur. Ce qui importe, c'est d'être sûrs que Dieu mettra toujours sur notre route des signes et des personnes qui sauront nous donner le courage d'avancer, jusqu'à ce que nous retrouvions un cadre de vie propice à notre épanouissement. C'est là le message que les prophètes d'aujourd'hui ont à donner aux personnes qui reviennent à la foi après un échec.

Dixième chapitre : le temps des doutes : la souffrance injuste

Revenu d'exil à l'époque de la domination perse, qui s'étendra jusqu'en 333 A.C., le Peuple ne comprend pas mieux son Dieu. N'a-t-il pas assez souffert à Babylone? N'a-t-il pas expié sa faute selon la théologie de l'Ancien Testament? Ne devrait-il pas être maître chez lui? N'a-t-il pas droit à la paix? En fait, les Juifs recherchent une réponse qui leur expliquerait pourquoi tout se passe au contraire de leurs justes attentes. L'Ancien Testament n'a pas pu éviter la question du sens à donner à la souffrance. Elle a d'ailleurs toujours hanté les théologiens de toutes les religions. Le livre de Job nous apprend qu'il n'y a pas de réponse au pourquoi de la souffrance, il n'y a qu'une attitude qui la rende supportable : la confiance en un Dieu qui nous a donné la vie... Cette réaction arrive quelques années après que le prophète Isaïe eut annoncé, dans le quatrième chant du Serviteur souffrant (Isaïe 52, 13 — 53, 12), un message tout à fait surprenant : la souffrance du juste est une souffrance missionnaire. En d'autres mots, si une personne accueille l'expérience de vie en demeurant fidèle à Dieu, elle pose une question aux autres qui n'ont pas la foi en Yahvé et peut les amener à se rapprocher de lui. La Bible aura donc réussi à donner un sens à la douleur, même si elle n'en explique pas le pourquoi.

Cela correspond à nos questions sur le sens
de la souffrance injuste

Nous posons nous aussi la même question face à la souffrance sous toutes ses formes : pourquoi? Nous ne comprenons pas comment il se fait que Dieu, appelé bon et tout-puissant, semble accepter cette intruse dans sa création. Nous ressemblons à nos ancêtres dans la foi. Il semble que nous n'ayons pas progressé depuis plus de deux millénaires. Encore aujourd'hui nous n'avons aucune réponse précise à donner à la personne qui s'interroge face à la souffrance et la douleur. Nous aussi, comme Job, nous devons dire que seule la confiance en Dieu, qui nous supporte et nous accompagne dans le malheur, permet de l'accepter; nous ne pouvons que réfléchir à ce que la vie de Jésus nous a révélé : la personne, qui accepte de vivre sa vie malgré les difficultés, grandit comme être humain et témoigne de sa foi en un Dieu qui aime.

Onzième chapitre : l'espérance en des jours meilleurs (le messianisme)

Après des années d'attente du Messie promis par les prophètes, Israël est de plus en plus découragé. Il semble que Dieu ne veuille pas aider son peuple à redevenir une grande nation. Au contraire, ce sont ses adversaires qui prospèrent. Comment réagir devant ces faits? Y a-t-il encore de la place pour espérer? La littérature apocalyptique s'est développée en Israël alors que les Juifs étaient attaqués par des étrangers qui voulaient les assimiler et leur faire renier la religion de leurs pères. Un bel exemple d'apocalypse est le livre de Daniel. Il fut écrit vers 164 A.C., quand Antiochus IV (roi de Syrie) s'en prend à Jérusalem. À un moment où il semble qu'il n'y ait plus d'espoir, alors que tout indique que Dieu a même perdu le contrôle de l'histoire, les apocalypticiens lancent un cri d'espoir : le Seigneur peut faire revivre pour rendre justice et il peut détruire le monde et le rebâtir selon ses plans. Cette espérance se fonde sur l'expérience séculaire du Peuple où il apparaît que Dieu l'a toujours protégé contre les nations ennemies.

La confiance en Dieu peut-elle nous aider à nous passer des faux messies?

Cette façon de baser son espérance sur les actions passées d'un Dieu fidèle peut encore nous être d'un grand secours quand nous vivons des situations où tout espoir semble impossible, alors que nous serions prêts à succomber à la tentation de nous fier à des faux messies. La tradition biblique nous invite à rechercher des signes de l'amour du Seigneur dans notre passé pour reprendre confiance, et comprendre que, malgré les événements, nous ne sommes pas seuls. Nous savons bien que Dieu nous accompagne toujours mais, quand nous avons mal, nous sommes tellement préoccupés par ce qui nous arrive que nous ne sommes plus en mesure de le reconnaître dans les signes qu'il nous laisse. Ne se pourrait-il pas que le malheur qui nous entoure soit un appel à bâtir un monde meilleur, où il sera possible de vivre dans la paix et la joie?

Douzième chapitre: la survie. Résurrection ou immortalité?

Une réflexion sur le cheminement de foi ne serait pas complète si nous ne prenions le temps de nous arrêter à la question de la vie après la mort. Toutes les religions ont eu à répondre à cette interrogation et le judaïsme n'y a pas échappé. C'est en 164 A.C., en Daniel 12, 2-4, que, pour la première fois, la religion juive officielle se prononce en faveur d'une survie possible pour les individus. Même si des voisins d'Israël, comme l'Égypte par exemple, y ont cru bien avant cette date, la théologie de l'Ancien Testament, où Dieu récompense dans la vie présente, fut un obstacle majeur à son développement dans la foi d'Israël. Il a fallu une crise grave: la prise de Jérusalem par Antiochus IV et les nombreux martyrs qu'elle fit parmi la population, pour que les choses évoluent. À cause de ces événements, l'ancienne théologie ne pouvait expliquer que des personnes meurent pour leur foi sans avoir été justement récompensées par une longue vie, une nombreuse descendance ou une grande fortune.

La question de la survie pose toujours une question à notre époque: que dit la Bible?

La question de la vie après la mort est encore chaudement débattue de nos jours. La plupart des croyantes et des croyants espèrent ressusciter avec un corps pour pouvoir goûter à une relation plus comblante avec Dieu, mais ils se demandent comment cela va se faire? dans un corps de chair? dans un corps transformé, un corps de ressuscité? Plus personne ne semble très sûr de ce qui va se passer. Il n'est même pas surprenant d'entendre des personnes de foi chrétienne affirmer qu'elles vont se réincarner dans un autre corps parce qu'elles l'ont lu dans la Bible. Notre temps est bien difficile à vivre et tous ont besoin de l'espérance que procure la foi en la vie éternelle. Le témoignage de l'Ancien Testament nous annonce une survie dans laquelle l'être humain, unique et important aux yeux du Seigneur, sera sauvé de la destruction de la mort.

Ce rapide survol des grands moments de l'histoire du salut montre que l'Ancien Testament est un livre rempli de trésors de sagesse qui peuvent aider à comprendre les méandres d'un cheminement vers Dieu dans notre monde contemporain.

TABLE DES MATIÈRES

Achevé d'imprimer
en février 1993
sur les presses de
Imprimerie H.L.N. Inc.

Imprimé au Canada — Printed in Canada